Le Mouvement de L'Infini

Stéphane Morelle

Le Mouvement de l'Infini

Un chemin à découvrir

Édition : BoD - Books on Demand

12/14 rond-point des Champs Elysées 75008 Paris

Imprimé par BoD – Books on Demand, Norderstedt

ISBN : 978-2-322-10488-8

Dépôt légal : **mars 2018**

TABLE DES MATIERES

INTRODUCTION

Ce livre est l'histoire d'un itinéraire de vérité. Une recherche d'une Vérité au-delà des dogmes et des apparences. Une recherche qui nous saisit tout entier, par l'intensité de la possible issue. Un voyage dont l'issue est la traversée du miroir, l'accès au-delà de notre fonctionnement ordinaire, « par delà » notre pensée. Un itinéraire qui commence là où nous sommes. A un moment où, grâce à la puissance de l'appel de l'Être, cet écho résonnant dans l'instant présent, nous ouvrons notre Intérieur au monde infini des possibles. Traverser le miroir, c'est avancer vers soi, puis entrer en soi, disparaître et enfin renaître. Voir et ressentir à un autre plan, pour Vivre Pleinement et totalement. Une sensation déstabilisante et grisante, d'une appartenance inscrite ici et dans l'invisible. Celle des étoiles des sentiments d'Éternité et de l'Etreté.

Tout commence par une brèche dans notre temps intérieur. Quand notre être se gonfle de l'Être du Monde. Quand, à travers le voile, souffle sur notre Esprit un vent qui nous rend si Vivant. Une situation, une compréhension, un saisissement, et nous percevons un peu de ce que pourrait être une vie Pleine, totalement pleine. Sérénité enracinée, Unité intérieure, Ouverture cosmique, fluidité naturelle de l'action, Puissance de la Présence intérieure. Et cette brèche ne saurait être qu'Ici et Maintenant, au sein même de notre fonctionnement ordinaire. De cette mécanique habituelle de nos pensées et ressentis. De notre routine intérieure et prédictible. Cette brèche est faite de ce tissu là. Mais ce qu'elle dévoile, ce ne peut être qu'un autre aspect de nous-mêmes, jusqu'à présent oublié. Un aspect de notre Nature Éternelle au-delà de nous-mêmes, en nous-mêmes. Et c'est là le paradoxe de ce Cheminement : nos outils coutumiés de perception et de compréhension, basés sur notre intellect et émotions, peuvent, dans des circonstances exceptionnelles, nous donner à voir la porte d'accès à cet Autre monde, en nous-mêmes. Mais, pour la traverser c'est d'une autre matière que doit être fait le navire, une matière qui est déjà présente mais ignorée. Que l'on ne sait pas voir, et encore moins utiliser. Le Mouvement de l'Infini.

C'est l'histoire d'une ouverture folle et renversante, qui se produit naturellement et doucement, à l'intersection d'événements de vie. Comme un échantillon, donné à goûter pour expérimenter une sortie du rêve gris. Mais accepterons-nous d'y goûter totalement ? Jusqu'à quel point accepterons-nous l'Inconnu et l'Impossible ? La Conscience est au cœur de toute évolution intérieure. Elle est la sève qui, lovée dans le grand Je, peut conduire notre cheminement vers les hauts sommets de Lumière et les plus profondes réalisations incarnées. Mais La Conscience reste un mystère pour qui ne la pratique pas suffisamment. Comme ces bribes éparses, ici et là, que la pensée néglige d'envisager comme précieuses. Mais ce sont-elles qui pourraient former la coque qui nous amènera sur l'Autre Rive.

Ce matin, je regarde, derrière les vitres de la fenêtre de la cuisine, le ciel. Un bleu immense où s'accrochent quelques petits nuages à l'aspect cotonneux. Je regarde ce tableau de la nature pour la première fois, ou peut être la millième. Je dis « je » , mais ces deux lettres me semblent un peu fluettes pour porter tout ce que cela comporte. Je. Est ce le même je qu'au début de ce texte ? Ou le même qu'il y a 1 mois ou 10 ans ? Je regarde. En fait Cela regarde par je. Je est la fenêtre par laquelle Cela regarde. Je ne suis d'ailleurs pas je mais je, regardé par Cela. Aussi ce n'est pas je regarde qu'il faudrait dire, mais Cela regarde par je, regardé par Cela.

Derrière les vitres de la fenêtre de la cuisine, le ciel. Derrière les vitres. Derrière. Je est bien derrière mais pas Cela. Cela est nulle part et partout. Nulle part précisément, car absolument partout. Derrière la fenêtre du Je, Cela regarde, derrière la fenêtre de la cuisine, Cela que je regarde. Et le ciel a disparu. Il n'y a plus que Cela dans un ciel de Cela derrière la fenêtre du je.

La vérité sur la vie semble toujours nous échapper quand on se donne suffisamment de mal pour pouvoir, presque, la saisir. Souvent, les mots sont d'admirables messagers qui nous transportent faute de transporter des messages vrais. Les yeux ouverts, l'illusion est-elle partout ou simplement un reflet d'une réalité incompréhensible en essence ? Et si, pour comprendre cette essence, il fallait simplement la réaliser en nous-mêmes. L'accueillir, puis l'incarner. Alors, nous serions Cela, nous serions cette compréhension. Nous serions la Lila et le monde tournerait en nous et autour de nous.

Voici ce chemin que je vous invite à découvrir. C'est une invite à cheminer dans cet espace de la pensée aux limites de l'Autre Monde. Quand, au virage d'une logique, un paysage inconnu se dévoile, le temps d'une brèche. Et que, voulant revoir, on accepte d'expérimenter par l'exercice. Changeant de bateau, pour le retrouver plus tard et l'accepter comme simple outil. Aller par-delà la pensée.

Le Mouvement de l'Infini

I

LE DEPART

L'Asie ésotérique m'a appelé à elle, très tôt dans ma vie. Adolescent, ce monde me fascinait. Il me semblait plein de mystères, de magie et de poésie. A l'image de l'épopée de Milarepa, dont je m'étais entiché. Traverser la souffrance et la vengeance, expérimenter la magie, puis aboutir après mille épreuves à son avènement spirituel cosmique total. Ça, ça me parlait.

Au lycée, la scolarité m'ennuyait, aucune matière n'attisait ma curiosité. Tout semblait entendu, apprendre un fatras de connaissances parce qu'il le fallait. Seule la philosophie avait à mes yeux un véritable intérêt. Penser, enfin, par soi-même. Mais, dans une section scientifique, forcement, les cours de philosophie étaient très limités. Je trouvais, aussi, d'autres dérivatifs. Je me souviens, que pour l'épreuve sportive du bac, il fallait écrire un petit dossier sur un sujet ayant trait à l'activité physique. J'avais choisi de disserter sur le Karaté dans son approche Spirituelle et Ultime : l'art de se battre sans jamais échanger un seul coup. Simplement grâce à l'émanation de l'Être, comme résultat d'un long et profond travail sur soi et son corps. J'étais fasciné par l'approche asiatique du monde invisible. Une approche, finalement, très concrète, presque scientifique. En tout cas, imprégnant d'évidence le quotidien de la société traditionnelle asiatique, par ses réalisations.

Deux ans après le bac, par un concours de circonstances, j'entrai à la fois à l'école de médecine et en fac de psychologie. Et, au même moment, je débutai une formation en énergétique avec le Qiqong, un art de mise en mouvement des forces subtiles du corps. Suivre ces trois enseignements en même temps fut une grande révélation intellectuelle. Même si je ne pus aller au-delà du DEUG, pour la psycho. Pendant deux ans, mon cerveau expérimenta quelque chose qui le marqua à vie : la notion de relativité et celle de vérité. La vision de l'école de médecine était très scientifique, très rationnelle et uniquement centrée sur le corps, objet de processus biologiques complexes. La psychanalyse et l'énergétique (comme l'acupuncture, l'homéopathie et l'ostéopathie) étaient, pour elle, des non sens dangereux. Pour la fac de psychologie, orientation psychanalyse, les psychiatres étaient des monstres imbéciles qui ne comprenaient rien à la subtilité de l'être humain (le lien de sens de nos actes avec nos désirs profonds, notre vécu, notre inconscient), et encore moins à ses dysfonctionnements psychologiques. Et en énergétique, l'enseignement portait sur une subtile écoute des profondeurs du corps, au delà de ses maux, et des mots. Dans un ressenti et un silence tendant vers l'être. Ici, on se méfiait beaucoup des institutions (dont la médicale et la psychologique) qui taxaient facilement tout ce qu'elles ne comprenaient pas d'abus ou de secte. Ainsi, vivant pleinement de l'intérieur, tous les jours, chaque vision, j'assimilais. Chacune avait raison, à sa façon. Chacune me nourrissait. La médecine m'apportait les bases d'une solide logique pour mon discernement. La psychologie m'ouvrait les yeux sur l'importance cruciale de mon vécu émotionnel et du sens investi, depuis ma naissance. C'était excitant d'apprendre à entendre l'autre, et par ses mots, toucher ses maux. Mais, c'est le Qiqong qui m'ouvrit à l'expérience de l'être. Il me permit d'accéder, par l'expérimentation dans mon corps, au merveilleux. Non plus au pathos, ni au fonctionnement normal. Pas plus à une nouvelle approche intellectuelle du monde. Non, c'était moi qui me retrouvais. Ou plus exactement, c'était moi qui plongeais dans une intimité vécue de l'être. Et là, je compris que les plus grandes vérités sont celles que nous trouvons en nous-mêmes, au-delà des concepts des autres. Mais que ces vérités qui sont alors vives en nous ont besoin du terreau des enseignements classiques. C'est dans l'interaction avec l'autre, puis l'immersion intérieure que peut émerger notre évidence intime. Et si celle-ci est vraiment vivante, elle va évoluer, aux contacts de toutes les subjectivités du monde. Nous ne pouvons nous passer des savoirs culturels, humains et scientifiques. Mais c'est à travers ce béton structurant, exposé à la vie sauvage de l'expérience, que va émerger notre arbre de la vérité.

Le Mouvement de l'Infini

L'axe de ma vie était né de cette collision d'enseignements. C'était la recherche intérieure qui en avait émergé, telle une très haute montagne à gravir. Je sentais clairement qu'il me manquait quelque-chose. Et ce, d'autant plus que j'avais commencé à l' entrapercevoir. C'était l'Asie avec ses pratiques, qui avaient commencé à m'ouvrir les yeux. Je réalisais bien que, derrière la logique convenue de la vie, se cachait un mystère auquel j'aspirais. Je recherchais une brèche, dans les a priori d'une vie normative, qui m'ouvrirait à cet aspect Vivant et joyeux au-delà des contingences. Je voulais comprendre cette réalité nouvelle qui transparaissait derrière les logiques apparentes habituelles. Trouver le chemin d'une Source vivifiante pour mon Être. Le convenu ne m'apaisait plus, la curiosité et la soif prenaient le dessus. J'explorais donc, tout ce qui pouvait m'ouvrir à cette nouvelle réalité cachée. A ce qu'elle révélait en moi de si puissamment attractif. Faute de saisir, je voulais goûter, m'imprégner de cette Vérité. Je le fis d'abord avec le Qiqong et la méditation. Le Qiqong, cet art du mouvement énergétique, à la fois pratique corporelle et enseignement du subtil. Éprouver et investir le monde de l'action d'une manière totalement nouvelle. Commencer à sentir le centre vivant qui peut animer chacune de nos actions. La méditation, cette écoute du silence intérieur. Une ouverture à l'être. Une révolution culturelle de civilisation, une production humaine sans produit. Une beauté sans forme, un retournement intérieur vers l'être et non plus l'avoir. Puis vint l'acupuncture.

Avec la méditation et le Qiqong, le voyage allait me prendre longtemps, très longtemps, pour appréhender suffisamment le pourquoi du comment. Tant ces pratiques sont faites pour retourner en profondeur notre terre intérieure, et la laisser « mûrir » suffisamment. Beaucoup de temps, beaucoup d'années. Pour l'acupuncture, l'approche était en grande partie basée sur l'intellect. Un apprentissage lié à la pensée et plus seulement à l'être, donc plus rapidement accessible. La médecine traditionnelle chinoise incarnait une vision et une approche totalement nouvelle à mes yeux.

Quelque chose de détonnant pour un occidental. Au premier regard, pour un esprit scientifique, l'ensemble de ce corpus pouvait donner une impression surréelle de simple symbolisme, voire de total empirisme. Mais, en se laissant pénétrer par ce nouveau mode de pensée, on sentait clairement émerger une puissante lame de fond multi-logique et analogique. Ce système intégrait un ensemble de données, en les articulant finement les unes aux autres, selon des axes qui variaient. Avec toujours, un sentiment de vivant qui en découlait. Comme si le processus de pensée ou de système s'appuyait sur une réalité subtile mais vécue. Une sorte de système vibrant de vie. J'aimais cette nouvelle logique que j'appréhendais par le travail de ces connaissances asiatiques. Ses résultats étaient évidents et ses outils inhabituels à la simple raison, commune à l'Occident. Cela me plaisait, car j'avais toujours eu l'intuition que la vision occidentale "officielle" avait quelque chose de boiteux. Quelque chose de trop brillant, de trop lisse en soi, et sonnant souvent creux. Comme si l'apparence et la fluidité de l'articulation prévalaient sur la puissance de l'être, de la Réalité en elle-même. L'acupuncture et son système de compréhension emplissaient progressivement un peu plus ma pensée et ma vision du monde. Cela était, somme toute, grisant d'avoir ces outils subtils me permettant, non seulement, de décrypter des mécanismes de fonctionnement de la psychologie mais aussi du corps. Avec un réel pouvoir d'action sur eux. Je comprenais mieux les gens qui m'entouraient, je pouvais vraiment agir pour aider les autres. Cela donnait sens à ma recherche.

Mais finalement, je me contentais de peu. Je croyais comprendre le monde et moi-même, parce que j'avais accès, grâce à mon savoir et mon savoir-faire, à certains processus énergétiques du corps. Je voyais indirectement ces processus, et obtenais de réels résultats curatifs. Je croyais comprendre beaucoup plus profondément la réalité du monde, imprégné que j'étais de la complexité mentale des connaissances énergétiques. Pourtant, il ne s'agissait pas encore de mon être. Cela n'était qu'un éclairage nouveau de chemins s'offrant à mon parcours. Ce n'était pas le chemin en tant que tel. Car si ce nouveau mode de pensée m'avait porté au début, il m'enfermait progressivement, à mesure que je l'adoptais comme système. Il n'était en réalité qu'un outil, mais nullement un but. Ce que je cherchais était de l'ordre du vivant, du totalement Vivant, pas un système, ni un nouvel ordre de pensée ou de vision.

A toute révolution intérieure, la pensée apporte sa part : la préparation à l'action, à l'incarnation. Je pouvais percevoir que toute cette approche, portée par la vision de la médecine traditionnelle chinoise, n'était qu'une simple étape de cheminement. Comme une marche d'escalier est importante pour monter, évoluer, mais n'est pas indispensable en elle-même. Il n'est pas nécessaire de s'appuyer sur toutes les marches pour ascensionner. On en choisit quelques unes, ou c'est la vie qui nous y aide. Mais, au final, c'est l'ascension elle-même qui compte. Car c'est de ce mouvement, en lui-même, que peuvent naître tous les miracles de la Vie, de notre vie. Heureusement pour moi, la vie me réservait suffisamment de surprises pour m'aider à comprendre cela…. Tout un ensemble de rencontres et de chocs puissants pour me tirer du lit du contentement facile, que procurent les certitudes, mêmes subtiles….

L'alchimie

Ma santé était précaire depuis bien longtemps. C'était pour cela que je mêlais dans mes recherches de cheminement, l'énergétique, dont l'Asie m'avait ouvert les portes, et le spirituel. Et par spirituel, j'entends l'essence de l'être humain, sa connexion, son ouverture à ce qui le dépasse. Non pas à l'extérieur de lui, mais en lui-même. D'ailleurs, pendant longtemps encore, l'énergétique allait s'entremêler au spirituel, et dans ma pratique, et dans ma compréhension. Un équilibre qui est la pierre d'achoppement de beaucoup de méprises. Car, tout est, bien évidemment, lié en ce monde, mais chaque processus a ses propres lois et sa propre évolution. Et croire que l'énergétique ouvrira notre cœur à l'Infini ou illuminera notre esprit est une illusion. De même que tourner le dos à son corps et aux miracles simples de l'énergie est un obstacle à la Vie elle-même, au bonheur. A cette époque, j'étais inconscient de cette vérité, et l'énergétique et le spirituel étaient indubitablement mes deux piliers.

Je suivais un nouveau cycle de formation sur l'énergetique. Et à la fin d'une de ces journées, l'intervenant se mit à parler d'alchimie. Une digression totale du thème initial. Il était passionné et cela était communicatif. Alors il continua dans sa lancée. Je n'y connaissais rien et n'avais jamais lu le moindre livre à ce sujet. Sa façon de raconter était vraiment épique, cela ressemblait à une sorte de quête avec plein d'expériences étranges. Je finis par me laisser convaincre. Et décidai d'aller à une conférence dédiée au sujet que le conférencier me conseillait. De fil en aiguille, plusieurs mois plus tard, je me retrouvai à un stage de plusieurs jours avec le premier conférencier qui m'avait tant intrigué.

Au cœur du stage se déroulait une expérience alchimique. Un petit laboratoire succinct avait été installé pour l'occasion. Un montage d'instruments en verre, pour la mise en action d'une distillation spéciale. Un processus à l'exécution très délicate et aux résultats, si aboutis, très recherchés dans le milieu de la spagyrie. Un grand ballon, ressemblant à une grosse boule surmontée d'une ouverture en forme de cylindre, était enceint dans une sorte de bac chauffant. A ce ballon était jointe, verticalement, une colonne complexe avec à l'intérieur des sortes de pointes de verre dirigées vers le bas, espacées régulièrement de haut en bas. Puis, un tube formant un angle aigu venait surmonter l'ensemble et conduire la structure vers un petit ballon disposé plus bas que le sommet de la colonne, mais plus haut que le gros ballon. Il était tenu suspendu par une pince métallique, qui l'enserrait au niveau de son col. Dans le gros ballon, 600 ml de vin, dans le petit, rien. Le processus commença, le bac chauffa, le vin doucement se mit, au bout de deux ou trois heures, à progressivement, très légèrement buller. Très lentement, des vapeurs montèrent lécher les pointes de verre de la colonne, au dessus du ballon. Des gouttes se formèrent et retombèrent dans le récipient plein de vin chaud. Puis, des vapeurs atteignirent le coude, formant une puis plusieurs gouttes qui tombèrent dans le petit ballon suspendu. Dans ce circuit fermé hermétiquement, l'opération de distillation progressa. Lentement au fil des heures, le petit ballon se remplit d'un liquide incolore, au détriment du gros ballon. Tard dans la soirée, l'alchimiste arrêta l'opération, disant sentir ce premier processus de distillation fini. On put voir le petit ballon rempli au deux tiers d'alcool incolore, alors qu'au fond du gros ballon se trouva un "jus" épais rouge sombre. Puis l'alchimiste récupéra l'alcool incolore pour, après avoir nettoyé l'ensemble du circuit en verre, le remettre à nouveau dans le gros ballon, alors vidé. Et une nouvelle distillation recommença. En quatre jours, l'alchimiste opéra successivement quatre distillations. Depuis les 600 ml de vin, il obtint environ une centaine de ml d'un alcool beaucoup plus pur.

Jusqu'à présent, les exposés de l'alchimiste, riches en explications, m'intriguaient et nourrissaient ma pensée. Sans cependant vraiment m'exalter. Je finissais par m'ennuyer un peu, car tout cela n'était, en vérité, pas de ma culture ni de mon trip. Je n'y voyais, à la fin, que des histoires de recettes "miracles" et de symbolisme énergético-spirituel peu compréhensible, ou du moins non utilisable pratiquement parlant. Mais, à la cinquième et dernière distillation, se produisit un phénomène pour le moins inattendu. C'était le soir. Je sentis brusquement un changement dans l'ambiance générale. Suivi d'une sorte de déflagration sourde et lointaine. J'étais dans le laboratoire, seul avec deux autres stagiaires. Je compris immédiatement que quelque chose de spécial venait de se produire dans les ballons de verre. Le processus de l'ultime distillation semblait effectivement terminé. Je voyais que dans le petit ballon, l'alcool concentré semblait différent du résultat des précédentes distillations. C'était vraiment, sur le plan subtil, quelque chose de nouveau. Plus je le regardais, plus cela devenait une évidence pour moi, qu'il y avait eu une transmutation. Je n'aurais pas pu vraiment expliquer ce qui avait changé, en dehors de cette certitude vibratoire de mon corps. C'était intéressant et plutôt sympa à voir, cependant un autre phénomène autour de moi envahissait mon cœur d'une émotion de crainte étrange. Un phénomène, autrement plus intrigant qu'un changement vibratoire d'un petit liquide, obtenu après autant de jours d'efforts. Quelque chose se passait dehors. Je sortis. Dans la nuit, une lune à moitié pleine éclairait suffisamment. Mes yeux se contentèrent de la beauté des grands arbres du parc, ceinturant les bâtiments. Mais rapidement, tout mon corps ressentit comme une colère immense, qui émanait de tous ces arbres. Je n'avais jamais éprouvé cela auparavant et, sincèrement, cela me fit peur. Un peu comme quand on se trouve sur une colline arborée de grands arbres dominants, et que la tempête souffle à tout-va, que le tonnerre gronde. Les cimes puissantes s'agitent en tout sens, nous menaçant d'une imminente chute de branches. Le vent nous bouscule d'un côté puis de l'autre. On titube. La pluie nous cingle le visage, et aucun abri n'est en vue. Tous nos repères semblent, devant un tel capharnaüm, fuir à mille lieux, nous laissant abandonné à un état intense d'inquiétude. Nous poussant à prendre nos jambes à notre cou, devant l'imminence de ce qui nous apparaît devoir nous arriver. Voilà quelle violente impression j'éprouvai, alors qu'il n'y avait pas le moindre vent ni éclair, seulement un silence pesant. J'aurais presque pu croire que les arbres étaient en train de se révolter et que j'allais, je ne sais trop comment, subir leur courroux. Je rentrai vite. L'alchimiste était en train d'expliquer que la dernière distillation était terminée, et que ce qu'il appelait l'Eau de Vie était prête. Un alcool purifié de sa part de mort, le kaput Mortem, présente dans toute matière. Il parlait d'une transmutation de la matière, aux qualités énergétiques multiples et extraordinaires. Pour moi, ce processus alchimique, simple mais fastidieux, avait déclenché une cascade de réactions vraiment surprenantes. Il m'était évident que la détonation vibratoire, la naissance de l'Eau de Vie, la "colère" des arbres, tout cela était lié. Comment et pourquoi, je ne le savais. Mais à vrai dire, peu m'importait, tant je restai, toute la nuit et le lendemain, complètement absorbé dans une stupéfaction surréaliste. Mon être était littéralement secoué par l'évidente, mais logiquement impossible, réalité des événements. Une expérience, dans des ballons de verre, avait secoué d'un tonnerre vibratoire et vengeur la compagnie des nombreux et puissants arbres alentour. Comment cela se pouvait-il ? Aucun processus chimique, physique, énergétique, ni même psychologique ne pouvait m'apporter la moindre explication à un tel phénomène. Je compris alors, dans tout mon corps et mon sentiment, combien la nature, la vie, recelaient de mystères que l'homme côtoyait sans s'en soucier, fort de ses certitudes. Je ne saurais dire pourquoi, mais je me sentais vraiment concerné par ce qui s'était passé. Pas comme un simple observateur, mais plutôt comme un des ingrédients de la réaction. J'étais transformé dans mes convictions inconscientes, le monde me semblait plus vivant, plus flou, plus incompréhensible. Cela faisait résonner en moi, non pas la part magique de l'enfant, mais l'intuition de l'adulte qui veut mettre la main sur ce qu'il est vraiment. Cet épisode, qui d'ailleurs était passé inaperçu pour la plupart des participants, faisait voler en éclats toutes mes certitudes, même le peu de mes connaissances énergétiques. Une porte s'ouvrait pour moi. Qu'est ce que le monde, en dehors de toutes ces apparences, élaborées en systèmes, dont j'avais été gavé depuis l'enfance ?

L'écho de cette nuit résonnerait longtemps en moi. J'étais hanté par ses implications, car je ne doutais pas de ce que j'avais éprouvé. J'étais troublé par le tableau dans son ensemble. Les disproportions entre une action subtile dans des récipients et un orage vibratoire dans un parc. Cela m'évoquait autre chose qu'une réaction énergétique, même complexe. Plutôt quelque chose d'un autre ordre. Du spirituel. J'entrevoyais les proportions de ce que l'on appelle mystère. Et surtout cela brisait en moi ces lignes rigides qui limitent le possible de l'impossible.

Le Qiqong

En bon élève du système occidental, je ne connaissais mon corps que par l'intellect, ou par les intenses soubresauts douloureux qui avaient émaillé ma vie. J'étais cependant convaincu, pour commencer à le vivre avec le Qiqong, qu'un autre mode de connaissance existait. Une connaissance liée à une façon d'être et de voir différente. Tout cela me conduisait à penser que la Connaissance ou l'intelligence ne devaient pas suivre un simple processus linéaire quantitatif, comme par exemple le quotient intellectuel donnait à penser. Mais qu'il y avait bien différentes intelligences et modes de connaissances. Et la vision asiatique du monde subtil apportait des arguments dans ce sens. Elle mettait en exergue la notion de qualité en opposition à celle de quantité. Il ne s'agissait pas de "plus de", mais de saut qualitatif permettant de passer à autre chose.

Cela m'avait toujours étonné de voir et d'entendre à quel point, en général, le monde intellectuel occidental se représentait la conscience. Une sorte de linéarité dans ses possibles intensités et variations. Cette approche occidentale prenait, par exemple, une tournure si cocasse, dans sa façon d'appréhender les civilisations du passé. Analyser ces constructions, ces objets, ces rites, ces arts antiques ou préhistoriques, avec la croyance que tout cela était des productions de « sous-hommes » ou « d'hommes en cours de devenir ». Tout cela se fondait sur cette fausse certitude que les hommes modernes occidentaux étaient le sommet de l'évolution de la conscience. Et de croire que, finalement, ils étaient naturellement, en mesure de comprendre les motivations, buts et fonctionnement de ces êtres d'un lointain passé. Or, cela s'était avéré souvent erroné. Les travaux sur le site mégalithique de Gavrini, la grotte de Lascaux ou les temples de karnak des chercheurs tels que Schwaller de Lubicz ou Jèques-Wolkiewie, montraient combien la vision réelle de ces œuvres explosait la conception du monde des modernes, par une étrange et inhabituelle pertinence. Parce que la notion de conscience, comme d'ailleurs celle d'être, abrite un secret, celui de ces sauts qualitatifs vers Autre chose. Quels sont ces Autres choses ? C'était là l'essence de mon questionnement et de ma recherche.

A ce moment, je confondais encore, allégrement, la pensée d'un objet et l'objet lui-même. Pour moi, connaître le mot bras impliquait, d'autant plus si je connaissais les mots humérus et méridien du poumon, que je connusse ce qu'était mon bras. Cela était une évidence, qui résultait de tant d'années d'études, où la manipulation de notions, concepts et images était devenue la seule réalité enracinée. Ce paradigme pouvait sembler sans conséquence ou finalement être très poreux à un changement. Mais il n'en était rien. Certes, j'étais capable, si je m'en donnais la peine, de ressentir un petit quelque chose de ce bras. Et peut-être même, suffisamment, de me persuader que j'avais compris la différence entre penser bras et le bras lui-même. En fait, et c'était là toute la difficulté d'une telle entreprise sur soi même, il fallait aller jusqu'au bout de l'expérience pour savoir ce qu'elle avait à nous dévoiler véritablement. Sentir un peu son bras, ce n'est pas le sentir pleinement vivant, le sentir respirer, vibrer. Ce n'est pas pouvoir réellement communiquer avec lui, développer ses si multiples potentiels, moteur, sensitif et autres. Ce n'est pas l'intégrer à soi, pour qu'il soit une source et un support pour notre vie et notre cheminement. Le corps, dans cette nouvelle appréhension, est l'indéniable cornue où se réalisent les opérations de la Conscience et du Cœur. Ce serait le Qiqong qui m'ouvrirait pleinement à cette compréhension.

Le Qiqong se composait de mouvements

très lents, s'enchaînant dans une séquence relativement simple. Un peu comme une danse au ralenti. Le plus souvent, ces mouvement concernaient essentiellement les bras, les épaules et le bassin. Les jambes restant statiques. Dans un premier temps de la pratique, je me concentrai sur l'apprentissage de la forme générale. Assimiler l'exécution des mouvements dans leurs formes extérieures, c'est à dire imiter la gestuelle de l'enseignant. Puis une fois acquise, j'abordai le rythme des mouvements pour leur donner un semblant de fluidité et de vie. Car, ce qui me marquait quand je regardais mon professeur pratiquer, était la sensation combinée de force, de douceur et d'harmonie qui se dégageait alors. Une impression très agréable, et en même temps comme atemporelle. Presque comme la manifestation d'un autre monde, ou d'un autre ordre des choses. En tout cas, cette impression était en elle-même une motivation suffisante pour essayer de parvenir à approfondir sa pratique. Après quelques semaines pour l'acquisition d'une gestuelle adaptée, venait, comme l'enseignant ne cessait de nous le dire, l'indispensable phase d'approfondissement du mouvement dans son essence. Je m'attachai alors à ressentir mes membres pour leur imprimer un mouvement comme venu de l'intérieur. Un peu comme si la commande du mouvement ne partait plus de la tête, mais plutôt du corps dans son ensemble. Cela impliquait d'abord que je réussisse, après des mois de pratique, à progressivement me connecter à mon ressenti. Sentir le poids de mes bras, leur position dans l'espace et leur chaleur. Puis arriver à mettre en place un dialogue entre mon cerveau et mon corps. C'est-à-dire entrer suffisamment dans la sensation physique réelle du corps pour dégager mon mental et me permettre de l'utiliser en mode intention. Un mode où la pensée perd sa prégnance lourde, agitée et mécanique pour accéder à son plus simple dépouillement. Un papillon se posant délicatement de fleur en fleur. Alors, je lançais de ma tête l'intention du mouvement. Et le corps, comme un être vivant à part entière, avec sa propre intelligence, manifestait la gestuelle par un acte venu de l'intérieur. Je me sentais, dans la pratique du Qigong, revivre. Mon corps semblait, pendant ces exercices, vraiment vivant. Car il était traversé par des mouvements et sensations subtiles, le faisant onduler d'un plaisir simple et doux. Comme un tissu de soie flottant dans un courant d'air chaud. Et puis, je me sentais apaisé dans ma tête et mon cœur. Chaque pratique me faisait la démonstration d'un changement d'état intérieur. Que je fusse agité, triste ou en colère, une heure et demie de Qiqong et tout cela s'envolait pour laisser place à la tranquillité.

Un des mouvements de base de ces séquences consistait à partir d'une position debout, bras le long des côtés du corps, pouces contre la couture du pantalon. On les levait délicatement, en tirant les coudes vers l'avant et le haut, comme sur les fils d'un pantin. Les avant-bras restant tranquillement pendants, entraînés passivement par le mouvement. Puis les coudes arrivant à hauteur du plexus, les poignets prenaient le relais en se laissant tirer vers le haut, cette fois mains et coudes passifs. Vus d'en haut, les bras formaient alors un U. Puis les mains glissaient sur un plan horizontal, jusqu'au niveau du plexus, les coudes sur le même plan, pointant vers l'extérieur. Enfin les mains, paumes vers le bas, appuyaient sur l'air comme sur un épais et dense liquide, pour descendre le long de l'abdomen jusqu'au niveau des hanches. Ce simple mouvement, une fois que je l'eus réellement acquis et compris, éclaira d'une lumière nouvelle mon approche du corps. Bien enraciné dans mes sensations physiques, cette partie de séquence me révélait des secrets inattendus. Comme si elle était une sorte de livre contenant un savoir qui ne demandait qu'à être lu. Le recueil des différentes réalités et vérités du corps. Un manuscrit dynamique, ne pouvant être ouvert qu'à la condition d'être initié aux arcanes des mouvements. Un livre témoignant du monde subtil, par le ressenti de certaines séquences de mouvements réellement éprouvés. Ainsi, quand j'opérais les mouvements de cette montée et descente spéciales des bras, je sentais de façon inhabituelle, d'abord les énergies sous mes paumes. Comme une densification des sensations des mains. Mes paumes devenaient tellement chaudes, lourdes et vibrantes d'une vie condensée. J'éprouvais l'air qu'elles poussaient vers le bas : une sorte de coton épais, ferme et réagissant sous mes doigts comme une sorte de pâte à modeler aérienne. Mais une pâte dont on ne pourrait pas vraiment détacher ou saisir un petit morceau, seulement manipuler l'ensemble. Je sentais bien, que pendant la descente des mains, le long de l'abdomen, quelque-chose de puissant se déroulait aussi dans mon corps. Des sensations subtiles de lourd descendaient dans mes jambes. C'était comme si j'éprouvais physiquement ces dernières telles des troncs d'arbres : dures, épaisses, solides. Une forte condensation et densité qui envahissaient mes jambes. Cependant que ma poitrine et ma tête s'allégeaient. Le poids pressant de mes émotions s'apaisait et la cohue habituelle de mes pensées s'atténuait. Je vivais, progressivement, dans cette partie haute de mon corps, une calme sensation de minuscules bulles d'air flottant dans un liquide. C'était agréable. Un soulagement de ressentir se rééquilibrer les énergies dans mon corps. D'y voir plus clair, et de s'éprouver plus enraciné dans le sol et la situation présente. Par ce simple mouvement, tant répété, de montée et descente des bras, se réalisait en moi la séparation du lourd et du léger. Non seulement dans les sensations physiques, et grâce à elles, mais aussi dans le fonctionnement de mes émotions et pensées. Le poids de la force en bas, et la clarté de l'aérien en haut. Je comprenais que des énergies "vivaient" leur vie dans mon corps, réagissant à certaines influences et induisant à leur tour des conséquences dans ma chair. Toute cette vie, que j'ignorais alors totalement, pris que j'étais dans le carcan d'une systématique sclérosante du mental. Les parties de mon corps faisaient une soudaine apparition dans mon esprit et dans mon monde, bousculant les a priori du vent du renouveau. Je n'évoluais plus dans le studio étriqué de mon mental mais maintenant dans la maison à trois étages de mon corps. Cette découverte devait être suivie d'une autre, encore plus frappante. A force de répétition, dans leur subtilité d'exécution, des mouvements de montée et descente des bras, je pris conscience des énergies qui embrassaient mon corps. Car, au-delà des limites liées à la peau, se trouvaient encore d'autre sensations. Des sensations qui progressivement s'éclaircissaient en définition et complexité. Je percevais, autour de mon corps, des énergies semblables à une brume venteuse. Quelque chose d'aérien, mais dense comme du caoutchouc mou, une sorte de "bultex" éthéré. J'y percevais mouvement, chaleur. Ainsi que d'autres sensations, aussi diverses que picotement, pincement, renflement, brèche ou caresse. Et pendant ces mouvements lents et conscients des bras, finît par se révéler un phénomène qui se reproduirait à chaque fois. A la montée des bras, en quelque sorte l'introduction du mouvement, les énergies entourant mon corps descendaient un peu dans mes jambes. Et, à la descente des mains, cœur du mouvement, les énergies se déplaçaient à leur rythme vers le haut du corps. Et cela finissait par former comme une sorte de capuche molletonnée sur la tête. En tout cas, tant que je maintenais les mains au niveau des hanches, fin du parcours de ce mouvement de descente. En un éclair, je compris que s'ouvrait à mes yeux, ou plutôt à mes sens, l'existence réelle du yin-yang. Je pouvais entendre respirer une notion aussi abstraite que celle, asiatique, si familière à l'adepte de médecine énergétique que j'étais. Le yin-yang. Ce principe de base de la civilisation chinoise et de tous ses arts. L'alternance complémentaire et opposée des deux forces subtiles primaires imprégnant toute chose. Ce principe que j'avais entendu rabâcher tant de fois par mes professeurs d'acupuncture, et dont j'avais fini par acquérir une connaissance intellectuelle certaine, mais certainement pas vivante. En ce temps, le yin-yang était, pour moi, une sorte de méthode, assez rigide comme toute méthode, qui me permettait d'appréhender un peu mieux les énergies et leur comportement. A cet instant, je percevais toute la réalité de cette force : les mains, éléments physiques denses, montent, et l'énergie, autour de mon corps, descend. Les mains descendent et l'énergie autour du corps monte. Le yin-yang m'apparaissait dans toute sa lumière. Il était l'esprit vivant du rapport naturel de toutes les énergies. A la fois l'endroit et l'envers du gant, à la fois l'eau dans l'huile. Quand les énergies dans mon corps se densifiaient en descendant dans mes jambes, les énergies autour de mon corps montaient vers le haut et l'arrière de la tête. Tout était clair. Tout cela m'évoquait, à la fois, un lien subtil entre tout. Et une résonance en écho ou en miroir dans l'espace et la qualité, de toute action. De cette expérience vivante dans mon corps, découla une compréhension en cascade de ses implications. Pour monter, il faut descendre un peu. Si par exemple, je veux toucher avec mes mains le plafond, je dois bel et bien ployer mes genoux pour prendre du ressort. Pour avancer, il faut reculer un peu. Pour vraiment avancer dans la vie, un minimum de recul intérieur est nécessaire sinon on n'avance pas mais on fonce dans le mur. Quand on imprime une force, il y a toujours un retour de celle-ci, sous une autre forme. Pour sortir d'un problème, il faut forcement rentrer un peu en soi pour en trouver la solution... Un simple mouvement de Qigong faisait basculer ma vision du monde et de moi-même. Je découvrais à nouveau, après l'expérience de l'alchimie, que tout cela échappait en vérité à ma conception étroite. Qu'il y avait, vraiment, une vie derrière la vie. Que les apparences, aussi prégnantes fussent-elles, n'étaient finalement qu'un aspect parmi d'autres, de la réalité. Et retranché que j'étais dans ma vision "occidentale", je me coupais d'influences et de compréhensions qui, je commençais à le pressentir, m'étais aussi vitales que l'eau ou l'air. Essentielles pour nourrir ma croissance intérieure, mais probablement aussi pour tout simplement ma vie. Cela m'amenait, indéfectiblement, à comprendre que je ne connaissais en vérité que bien peu de choses, en dehors de la prison de mes certitudes. Le monde, au-delà de ces barreaux, semblait si attrayant, mais si vaste et lointain.

Quelques mois après avoir intégré les éléments du yin yang, que j'avais vécus dans mon corps, et qui m'avaient stupéfié, je comprenais quel était le point crucial de toutes ces expériences. Au-delà de leurs aspects excitant et sensationnel, la force de ces dernières reposait dans la pensée vivante du yin yang. Car, une fois que l'on a compris dans son corps ce processus, et que l'on connaît la pensée analogique, il est relativement aisé de mettre en application cette loi du yin yang. Mais, ce qui est stupéfiant, c'est de tenter de penser à cette loi, en action en nous et autour de nous. De réaliser que toute cette complexité résulte d'un principe vivant. Puis d'essayer de saisir ce principe global, directement dans sa sensation, par la pensée. Non pas essayer de revenir au concept, mais bien chercher à englober l'ensemble des liens produits par le yin yang, et de tenter de le toucher. L'esprit est alors dépassé ou sidéré. On entrevoit presque comme une ouverture vers quelque chose qui nous dépasse. Quelque chose que l'on pourrait presque atteindre. A ce moment, la pensée et l'être sont au cœur d'une vibration vivante qui dépasse la dimension de la matière et de l'énergétique. Un instant si merveilleux mais si éphémère.

La compréhension

L'expérience de l'alchimie puis du Qiqong, avaient ébranlé la perception du monde qui m'entourait. Une dernière expérience mit à bas le peu de certitudes qui me restaient. Cela fut, cette fois, plutôt brusque. Alors que, comme chaque matin, je traversais le pont d'Austerlitz, me tomba dessus, brutalement, une révélation. Quelque chose en moi bascula, de façon abrupte. Se révéla un espace si Clair, si Lumineux dans ma conscience, que mon Être émergea de tous ses conditionnements.

Comme un radeau qui sort des eaux. Mon Être voyait, simplement, le flot formaté de mes pensées, considérations et a priori. C'était un peu, comme tourner le gros bouton du commutateur de l'air conditionné d'un vieil hôtel. Après le déclic, un vent soufflait, dans ma tête. Debout devant la rambarde du pont, le regard dirigé vers la seine, défilait devant mes yeux bien autre chose. Tout me semblait clair. Les gens. Tous les gens. Mes parents, mes instituteurs, mes professeurs, les spécialistes, les journalistes, les politiques. Toutes ces personnes référentes. Tous ceux et celles qui, par leur position sociale, leur parcours personnel, leur assurance, leur maîtrise des codes et du langage, leur savoir et leur façon de le parer de mille lumières, savaient briller. Et faisaient briller dans mes yeux l'admiration et la déférence. Ils me modelaient et m'inspiraient, depuis ma petite enfance jusqu'à aujourd'hui. Et bien, tout cela venait de s'écrouler en un instant. Un effondrement, non pas sur le mode d'une révolte intérieure qui serait advenue grâce à une rencontre ou un modèle, encore une fois, charismatique. Non pas sur le mode d'un ras-le-bol ou d'un dépit désillusionné, comme un rejet épisodique d'une greffe qui, de toute façon, nous est indispensable. Non, ce qui s'opérait en moi était d'un autre ordre. C'était comme si, mes yeux s'ouvraient naturellement sur une réalité qui avait toujours été là. Une réalité présente, mais dissimulée par des déguisements. Les masques étaient enfin perçus comme tels, et ils tombaient. Tous. Je comprenais que tous ces personnages étaient, d'une certaine façon, vides. Vides d'Être. Je voyais clairement que tous leurs discours sonnaient creux pour ma soif de Vie. Car ils étaient sans lien véritable avec leur Être. Certes, leur propos techniques ou de spécialistes étaient empreints de vérités propres à leur système de pensée, d'idéologie ou de pratique. Ils permettaient d'accéder à des processus ou des lectures efficientes d'un certain point de vue. Mais leurs mots trahissaient un abîme de mensonges. Ils ne connaissaient pas la Réalité des choses, mais seulement une simple vision partielle de celle-ci. Toute la complexité qu'ils mettaient dans leur vocabulaire ou l'édification de leur système ne pouvait plus me cacher le fait que tous ces gens ignorassent la totale subjectivité de leur propos. Ils ne savaient pas qu'ils connaissaient si peu de l'Essence véritable du monde. Ils étaient incapable de dialoguer directement avec la matière, sans parler de son ubac, l'énergie. Leur échappait la nature pleinement vécue de leur corps ou celle du monde. Ils restaient, à grande dominance, immergés dans le monde des idées et des représentations. Dans une abstraction, certes souvent pratique d'un point de vue technique, mais illusoire du point de vue de l'Être. Et cela, maintenant, me sautait aux yeux. Pour moi, toutes ces personnes, plus ou moins illustres, plus ou moins brillantes, n'étaient plus que des humains pris, comme des animaux ignorants, dans le piège aveuglant des phares de la construction mentale. Je me sentais libre du poids stérile de leur influence. Mais, en même temps, s'ouvrait sous mes pieds le vide de l'inconnu, de l'incertitude.

Cette expérience était le résultat de toutes mes recherches précédentes. De mes efforts d'intégration de ma conscience à mon corps. Mes tentatives d'être vivant, dans ma chair et mon sentiment. D'incarner l'instant, pour tenter de m'ouvrir à un Autre monde, présent ici et maintenant. Cet Autre monde, cette Vie dans la vie, je la sentais commencer à me fréquenter parfois. Mais tout cela restait flou, incertain. Jusqu'à cette expérience de libération. Elle était le témoignage que l'Autre monde venait de germer en moi. Mais finalement, je restais quand même impuissant à invoquer sa Présence, à le comprendre, à le saisir. Si, parfois, Il soufflait un peu en moi de Lui, le moment d'après, tout disparaissait. Je sentais, profondément, que cela était une sorte de jeu de la Lalie. La danse Divine du cosmos. Que tout cela n'était que la surface de la Réalité. Une simple invitation à aller plus loin. Un encouragement pour traverser et atteindre l'autre rive. Que cet équilibre actuel, en moi, bien que d'une certaine manière plutôt satisfaisant, n'était qu'un premier pas.

II

LE MOUVEMENT FACONNE LA VIE

Mes pérégrinations intérieures m'avaient amené à vivre des moments de plénitude. Des profondes compréhensions sur l'existence d'une Autre vie dans la vie. Pourtant, finalement, je n'arrivais pas à saisir réellement cette Autre Vie en moi : je ne faisais pas partie de ce Mouvement de Vie. Je ne participais pas pleinement à cet Autre monde. La vie de tous les jours restait, dans les faits, peu changée. Certes, chaque journée était émaillée de quelques instants d'ouverture à cette Vie, grâce à ces retours à mes profondeurs, cette sensation spéciale de moi-même, cette présence à moi-même. Mais je tâtonnais en dilettante, je n'avançais pas promptement vers la Réalisation de mon aspiration de Lumière. Ma vie restait cloisonnée, avec des moments de réveils intérieurs si inspirants de Beauté d'un coté. Et de l'autre, le plus clair du temps, soit je me languissais de ces moments, soit je me perdais dans la médiocrité grise du quotidien. Mes émotions étaient versatiles et dépendantes des événements du jour. Une mauvaise nouvelle ou une difficulté et la colère ou la tristesse m'envahissaient. Mes pensées cherchaient toujours des réponses à mes questions taraudantes. Elles ne me laissaient pas suffisamment tranquille pour pouvoir goûter à une vie simple, à une Vie intense. Bien sûr, je pouvais intellectuellement me dire que je n'étais pas si loin du but, mon but étrique et spirituel. Pourtant, si je regardais avec une totale et tranchante honnêteté, je n'étais pas pleinement heureux. J'étais partagé et insatisfait de ma situation actuelle. Je rêvais qu'un jour, le gros lot me tomberait dessus par chance. Que la Grâce ou l'Éveil me saisiraient totalement comme dans les contes Zen, au détour d'un jardin, ou en faisant la vaisselle. Je restais, d'une certaine façon, à la marge de la Vie à laquelle j'aspirais tant. Je voulais que toute ma vie soit embrassée par cette Vie pour pouvoir me libérer de mes souffrances et faire entrer dans chaque recoin de mon quotidien une Plénitude de Sérénité, pour l'illuminer.

Que chaque instant soit Entier d'un bonheur paisible.

A force d'attendre, sans suffisamment avancer, il me devint évident que quelque chose était insuffisant dans ma démarche intérieure. Je voulais entrer de plein pied dans le cœur de cette Vie, mais ne faisais que l'apercevoir de temps en temps. Et au mieux, mais si rarement, y goûter du bout des lèvres. Je me demandais où trouver de l'aide pour avancer. Comment faire pour dénouer cette situation impossible ? Quelque-chose m'échappait, c'était évident. C'était comme l'histoire de ce cervidé, en Inde, qui était envoûté par l'odeur qu'il sécrétait lui-même, sans le savoir. Ce cervidé courait à la recherche de l'origine de ces effluves, sans jamais comprendre qu'il en était l'origine. Cette histoire sert à beaucoup d'allégories Indiennes, sur le trésor caché que nous portons en nous, et que nous poursuivons désespérément à l'extérieur.

Un jour, un déclic s'opéra en moi. Et je me rappelai de l'événement magique qui avait complètement chamboulé ma façon d'être au monde. Ma façon de voir et de vivre le monde extérieur et mon monde intérieur. J'avais 22 ans, c'était l'hiver et je me rendais à ma fac. Sur le chemin, j'essayais de pratiquer une marche méditative. Être Conscient de mes jambes et de mon environnement en même temps, le plus intensément possible. C'est-à-dire, vraiment sentir et pas seulement penser mes jambes. Et maintenir cela, à chaque instant, sans être emporté « ailleurs » par une pensée ou un désir. Sentir et voir la continuité ininterrompue d'une présence à moi-même, à chaque instant. Alors que j'arrivai sur une petite place, mon chemin puis mon regard se dirigea vers un réverbère-horloge. Là, tout bascula. Jusqu'alors, lorsque je regardais ou interagissais avec un objet extérieur, c'était avant tout cet objet qui occupait mes sens ou mes pensées. C'était naturel et évident. De la même façon que, quand un désir survenait en moi, c'était le désir qui s'exprimait à travers moi en prenant une place royale en moi et mon psychisme. Pour la faim, je me disais « j'ai faim ». Pour la tristesse « je suis triste ». Comme si je devenais cela. Seulement pendant un court instant, puisque l'objet de cette identification changeait constamment. Ce qui ne me laissait pas le temps de réaliser que quelque chose de profond de moi disparaissait dans ce phénomène. Et je n'aurais jamais réalisé quoi que ce soit de cette singularité et de son importance si, je n'avais pas vécu un incroyable bouleversement et renversement de ma conscience. Devant le réverbère-horloge, regardant les aiguilles, le processus transmuta et tout changea en moi et autour de moi. J'étais là, je m'éprouvais profondément, sensitivement. Et seulement après, d'un point de vue qualitatif, je voyais l'horloge. Mon esprit n'était pas occupé ou envahi par un objet, mais ma conscience simplement caressait cet objet. Ma présence englobait cette horloge. Comme si elle était en moi, tout en la voyant physiquement en dehors de moi. C'était comme si, en la regardant, c'était vers moi-même que je tournais le regard. L'objet extérieur me renvoyait à mon fort intérieur. L'intérieur et l'extérieur étaient retournés comme un gant. Mon regard vers l'extérieur nourrissait ma Conscience. C'était fou. Comme si, en vidant une bouteille, elle se remplissait automatiquement de ce fait.

Je comprenais maintenant, que peut être une Connaissance spéciale me permettrait, en l'intégrant, de m'aider à faire grandir mon Être et ma Conscience. Comme cette horloge, qui avait été le support de mon attention puis le soutien à mon ouverture de Conscience Totale, avant d'être absorbée dans un processus mystique d'Être. C'était par une interaction avec l'extérieur que cette expérience de l'horloge avait pu se mettre en place. Pas simplement une méditation isolée sur un support intérieur. J'avais effectivement remarqué combien mes expériences d'ouverture au Chemin s'étaient déroulées dans des allers retours entre le monde extérieur et le monde intérieur. Que mes réalisations intérieures découlaient souvent de phénomènes extérieurs particuliers, auxquels je m'étais trouvé être partie prenante. Je percevais intuitivement que toute recherche de l'Autre Vie en moi dépendait, aussi, du monde extérieur. Et maintenant, j'avais l'intuition que c'était la compréhension du monde extérieur qui était une clef, et plus ma seule participation à celui-ci. Qu'une compréhension spéciale du monde extérieur m'apporterait les outils pour me faire franchir cette barrière intérieure entre moi et l'Autre Vie. J'avais déjà fait l'expérience que de changer son angle de vue sur un problème ou une difficulté, me permettait de trouver des solutions, somme toute évidentes, alors que précédemment inaccessibles. Or, le plus facile d'accès, le plus visible, était le monde extérieur avec tous ses phénomènes physiques. Il me fallait trouver à intégrer une compréhension particulière pour éprouver, plus avant, l'Autre Vie. J'aspirais à une Idée ou une Vision spéciale.

Cependant, j'avais expérimenté dans mon corps combien le savoir que nous avons sur ce monde est aliéné à une forme limitante. Une forme nécessaire, dans le monde moderne, pour une utilisation rationnelle, mais sclérosante pour en saisir la substantifique moelle, pour nourrir l'intérieur. Ce ne pouvait donc être une simple information sur le monde extérieur, aussi savante soit-elle, qui suffirait à me faire avancer dans ma recherche. Non, il me fallait trouver quelque-chose de Vivant, au sein même des phénomènes extérieurs ou de leur savoir. En fait, c'était envisager de chercher à l'extérieur cette Autre Vie que j'avais éprouvée si fortement à l'intérieur. Je devais trouver la juste façon de dépasser les simples apparences des phénomènes extérieurs. La juste façon de trouver le Vivant au-delà et dans une connaissance intellectuelle simplement factuelle ou logique. Je ne cherchais pas des informations brutes ou des interprétations, aussi spécialisées soient-elles. Je cherchais la Vie dans les phénomènes extérieurs, dans leur connaissance intellectuelle.

Et c'est grâce à l'intuition et à ce quelque chose de l'Autre Vie que j'avais déjà éprouvé en moi, que je pus découvrir, progressivement, le cœur Vibrant dans les réalités du monde extérieur. Cela demandait de trouver en soi le chemin vers cet œil intérieur qui dévoile le Vivant dans sa structure même. Apprendre à saisir par l'intuition, dans des données intellectuelles ou des faits, la trace de l'Autre Vie. Je sentais très clairement que développer, par l'intuition, ma vision profonde du monde extérieur allait m'amener à trouver cette clé de voûte qui débloquerait et soutiendrait mon cheminement intérieur. Pour enfin accéder à la source de la Vie. Et cette puissante compréhension me vint par l'étude des Arts asiatiques, et notamment de la peinture. De la découverte de ce que j'appelai le Mouvement de l'Infini, ou Mouvement de l'Essence en soi. Le Mouvement devint pour moi la signature de l'Autre Vie. Une signature que je ne découvris que très progressivement tant elle était subtile, bien que si puissante.

De mes investigations ressortait que la Vie se dévoilait, particulièrement, dans un champ échappant à la pure raison, mais non à une certaine logique. Un étrange entre-deux, sur le mode opératoire de la poésie. La grande poésie utilise les mêmes mots que ceux que nous utilisons dans notre quotidien. Des mots bien définis et cadrés par le dictionnaire. La poésie assemble ces mots, à l'occasion du mariage d'un éclair d'inspiration et d'un effort de recherche. Peut apparaître alors quelque chose de différent du langage raisonné. Une composition, un tableau qui nous emporte dans un monde aux formes et aux couleurs qui résonnent en nous, bien que totalement nouveau. La grande poésie est plus que du rêve, elle est une effluve d'Autre chose. La possibilité d'apercevoir un monde mystérieux, masqué, juste là, derrière l'ordinaire de l'instant. Un monde presque plus réel, bien que follement éphémère. Et bien, par analogie, il est possible de voir la Vie si l'on sait regarder le monde ordinaire d'une autre façon. Certes, pas exactement avec le regard du poète, mais avec un regard ouvert et légèrement naïf, comme celui d'un enfant. C'est arriver à dévoiler l'invisible par le visible, en s'ouvrant par l'intuition à un aspect très spécifique de la Vie. Un aspect avec sa propre logique mais échappant au rationnel.

Derrière les phénomènes du monde et leurs explications communes ou scientifiques se cachent des vérités qui nous échappent et font de notre compréhension raisonnée un outil insuffisant pour nous faire avancer sur le chemin de la Vie. Cependant que la vraie Vie, au quotidien, nous échappe, encore une fois. Car finalement, nous sentons tous, à certains moments particuliers, que le monde n'est pas tout à fait ce qu'il parait être. Quand, dans l'intimité de la beauté de la nature, notre être s'ouvre à cette dimension poétique qui ébranle notre cœur d'émerveillement. Et que ce cœur est absorbé, un peu, dans l'infini. Quand, du coin de l'esprit, nous croyons apercevoir cet irréel magique, source de tous les possibles. Quand on vient à toucher, au détour d'un instant, cette brise délicate qui nous transporte tout entier par delà les montagnes et les nuages. Dans un pays vibrant, au sein même de notre corps. Tout cela n'est pas totalement du rêve. C'est aussi un aspect de la Vie qui nous ouvre ses portes.

Mais, dans cette perception poétique de cet aspect subtil, caché de la vie, se mêle beaucoup de subjectivité, cette part en nous qui rêve. Cette vision poétique émane, en partie, de notre psychisme et de son besoin de se projeter. Il demande ainsi à répéter les expériences du passé, les attentes, pour s'éprouver, et grandir. En quelque sorte, l'aspect psychologique, notre transhumance de souffrance et de guérison. Or, ce que je recherchais, c'était l'aspect pur des manifestations de la Vie. C'est-à-dire le cœur de cette perception intuitive, au-delà de sa gangue poétique. Mais un cœur non exempte de beauté, au contraire. Et je finis par découvrir cet attribut caractéristique de la Vie dans la vie. Une dynamique cachée du Vivant. Le courant invisible soustendant spirituellement chaque chose, mais dont l'écume et les remous nous sont, parfois, discernables. Le Mouvement de l'Essence en soi, cet essor de la Prakriti qui précède l'énergie. Le Mouvement de l'Essence du monde, La force ontologique de la vie.

La peinture chinoise

Le Mouvement de l'Essence en soi est à l'épicentre même de la vie, dans toutes ses expressions. Mais le plus souvent, beaucoup trop profond pour être discerné. Il est intimement lié à la forme et, alors qu'elle est l'aspect visible et immédiatement approchable, lui reste caché. Il est l'essence même des choses dans leur aspect subtilement Vivant. Pourtant, le Mouvement n'est pas seulement Énergie ou Essence. Il est une caractéristique, très spécifique, de l'Autre Vie, un témoignage parfois perceptible de Forces issues de l'Autre Monde.

Le Mouvement de l'Infini

Ce fut la peinture asiatique qui me permit de commencer à pénétrer dans cette compréhension. Il est, avant tout, important de saisir la différence entre l'art occidental et asiatique pour mieux appréhender comment et vers quoi j'ai dirigé mon regard pour entrapercevoir le Mouvement. Car la peinture occidentale est pleine de beauté, d'intelligence, de subtilité, mais elle est, par nature, en contraste avec celle de l'Asie. Et, pour la recherche qui était la mienne, celle de ce Mouvement de l'Essence en soi, comme expression de l'Autre Vie, seule la peinture d'Asie portait en elle des germes de son témoignage. Aussi, il est intéressant de bien comprendre la base sous-jacente de chacun de ces arts. Cette différence culturelle Occident-Asie, s'inscrit dans l'histoire et la philosophie des civilisations. La culture occidentale, depuis ses fondations grecques, s'est développée essentiellement autour de quelques notions clefs. Notamment, l'esthétique du beau ou le beau comme témoignage physique, dans ses proportions, d'un idéal. La fonctionnalité apparente ou l'utilisation technique et matérielle issue des sciences. L'idéalisme et l'abstraction. En résumé, une culture très orientée vers la matière et la pensée. Mais pas du tout sur l'Énergie ou l'Essence vitale. Il me semblait aller de soi, que la vision occidentale était, pour beaucoup, axée sur la forme. Cela sautait aux yeux avec la peinture et l'architecture. Quelle que soit la peinture (ou presque, il y a toujours des exceptions), car même si la forme fut figurative ou abstraite, cela ne changeait rien. En tout cas, pour quelqu'un comme moi, imprégné de l'expérience de l'énergie et de l'essence des choses. En général, il s'agit toujours pour l'artiste occidental de jouer avec la forme pour la forme, dans une structure formelle, ou contre la forme, avec l'idée. Ainsi l'art occidental, du grec classique jusqu'au début du XXème siècle est complètement dépendant du formalisme, de la figuration (mis à part l'art Roman qui est la belle tentative d'un véritable art de la Vie). Puis les modernes et les contemporains s'attachent, en apparence, à échapper à la forme, à l'imitation de la nature, mais tombent dans une autre forme, celle de l'abstraction. Et c'est là toute la difficulté du problème. Pour nous, occidentaux, l'abstraction représente une émancipation de la forme vers une quintessence. Alors que, selon un angle de vue plus orientaliste, il n'est question que du passage d'une structure à une autre structure et surtout pas à une essence. Certes, les protagonistes modernes ou contemporains parleraient certainement de l'abstraction comme du jeu de la forme pour aller au delà de la forme. Mais, de fait, ce qu'ils appellent au delà de la forme est en fait une forme mentale, un concept, une construction sans vie. De l'artificiel. Aussi, que la forme prenne l'aspect d'une beauté extérieure ou celle d'une idée, dans les deux cas on est loin d'une essence de la vie. Loin de la notion de Mouvement.

Alors, pour bien appréhender le Mouvement, dans son lien irréductible avec la Vie, il nous faut commencer par une illustration radicale. Ceci, afin que notre esprit saisisse l'étrange nouveauté de ce concept pour un mental occidental. Et pour qu'ensuite, nourri de l'essentiel, nous puissions en discerner toutes les subtilités. L'Asie sera donc naturellement notre porte d'entrée pour les premiers pas de ce voyage extrême. La notion de Mouvement de l'Essence en soi imprègne secrètement et profondément le monde asiatique, notamment les chinois et les indiens, et ce depuis l'antiquité. Ce que nous appelons Mouvement n'est pas l'énergie vitale qui imprègne et soutient toute chose dans son aspect fonctionnel. Il est plutôt une sorte de quintessence, qui va bien au-delà de l'aspect vital organique, même subtil. Il s'agit des effets des forces spirituelles qui agissent dans la pure Beauté et Conscience, au cœur même du sens mystérieux de la Vie. Les forces de la source de la Perfection Divine.

Les chinois ont réussi, dès les débuts de leur civilisation, à caractériser l'Énergie ou Tchi. Ils l'ont étudié et en ont tiré des "sciences" : médecine, acupuncture, Feng shui, pharmacopée et des arts (Qigong, Kung-fu, peinture, calligraphie, cuisine...). Et, par-delà le Tchi, l'énergie, l'Asie a su aussi approcher la notion de Mouvement de l'Essence en soi et l'intégrer subtilement à certains aspects de sa culture et de sa recherche spirituelle. Cette vision asiatique du Mouvement imprègne, de façon souvent cachée, certains arts et œuvres. On peut en trouver des témoignages importants, pour la Chine, dans la peinture, dans la littérature spirituelle et philosophique, et dans certaines pratiques corporelles de transmutation Taoïste. Et pour le Japon, dans la littérature spirituelle, l'art du thé, l'Ikebana et l'art du tir à l'arc.

La peinture chinoise est un exemple parfait pour illustrer en profondeur la notion de Mouvement. L'esprit même de la peinture chinoise classique des paysages (Shanshui ou "montagne et eau") n'est pas de copier la nature et ses formes extérieures, mais plutôt d'en saisir l'essence, et parfois le Mouvement invisible. C'est-à-dire, témoigner de l'Énergie cachée dans les formes et de l'Esprit qu'il est possible de ressentir, par-delà encore les aspects subtils. Pour cela, la peinture chinoise s'appuie sur la technique xieyi, à main levée, qui nécessite une maîtrise du geste parfaite, pour obtenir une exécution spontanée sans retouche possible (du fait du papier qui absorbe beaucoup l'encre). Une technique idéale pour tenter d'exprimer directement, dans un jet tranquille, l'esprit des choses. Cette peinture classique des paysages, n'est pas là pour nous montrer le Beau (comme conçu par les Grecs et reprit par tout l'art occidental depuis la Renaissance), ni nous intriguer ou nous donner à penser (comme conçu par les modernes). Cet art, pour les chinois, est plutôt considéré comme un voyage intérieur. On se pose paisiblement devant le tableau et on se laisse pénétrer par lui, pour en saisir le souffle caché derrière les traits de pinceau et leur absence. On cherche calmement à percevoir, derrière ce que l'on voit. Comme une image sibylline, en filigrane derrière les formes apparentes. Seule une vue d'ensemble, qui ne s'attache pas aux détails, mais ne les rejette pas, peut saisir la quintessence dans cette peinture.

Le vide, ou espace blanc non peint, est souvent presque le plus important. Non par lui-même picturalement parlant, mais par les traits de peinture qui le définissent, sans avoir l'air de le faire. Ce choix d'utilisation du vide, pour parler de ce qui est caché, est tout sauf anodin. C'est un choix pragmatique, philosophique et artistique. Pragmatique, car l'essence est elle-même comme l'énergie, invisible. Philosophique car il témoigne que l'essence des choses n'est pas d'ordre matériel. Prenons le temps, à ce moment de notre investigation, de faire une pause et d'observer un vrai tableau de peinture "montagne et eau". Sinon, cela n'aura pas suffisamment ni de pertinence, ni d'efficience, de continuer à juste lire les mots qui suivent. D'ailleurs, entre parenthèse, aucun artiste moderne occidental ne se serait permis de parler d'une peinture sans être en sa présence. Imprégnons-nous donc d'une ces peintures Chinoises avant de continuer.

Attachez-vous à laisser venir à vous l'image, toute l'image. Et éprouvez la "présence" du vide, représentant les nuages, le brouillard ou la brume... Regardez bien les détails du tableau, puis respirez profondément et défocalisez votre regard pour percevoir toute l'image dans sa globalité, maintenant sans les détails. Sentez comme un mouvement secret et intime traverse le tableau. Ouvrez-vous à cet invisible mouvement, à cette présence si particulière. Recommencez à plusieurs reprises

cet exercice. Vous allez sentir, à un moment donné, que quelque chose vous échappe ou que quelque-chose se passe dans votre inconscient. Ou que vous vous sentez partir vers Autre chose. C'est ce phénomène que, en vous, vous devez retrouvez, en prenant le temps de répéter l'expérience. Mais à chaque fois, restez totalement ouvert, sans attendre quelque-chose de particulier. Juste ouvert et attentif.

Voilà, maintenant que vous avez regardé ces peintures, vous comprenez mieux de quoi il en retourne. Le peintre chinois cherche à exprimer, par la forme, la non-forme. Il utilise non pas l'abstraction, mais bien des éléments du réel, qu'il transmute d'une manière subtile pour réussir à faire émerger l'invisible en mouvement. Son art n'est pas vraiment figuratif et il n'utilise pas non plus, ni le symbole, ni l'allégorie, ni l'idée, qui sont des outils de la pensée. Il préfère s'investir entièrement dans une perception intuitive d'une représentation Vivante du réel. En vérité, il s'appuie sur les sens, sur le corps.

Le Mouvement de l'Infini

L'artiste intègre dans sa peinture le corps humain, dans ce qu'il est capable de percevoir : une exceptionnelle palette de sensations énergétiques. Il ne s'agit pas pour lui d'exprimer des émotions mais plutôt des sensations de l'invisible. Même si l'évocation picturale de ces sensations crée une "atmosphère" propice à évoquer certains sentiments. L'artiste chinois sait que, ce qu'il cherche à saisir dans un paysage qui lui plaît, n'est pas la description visuelle de celui-ci, ni le sentiment ressenti. Mais l'interaction invisible qu'il éprouve avec lui, et qui lui permet d'entrevoir la Vie cachée derrière les apparences. Le peintre tente, non seulement, de témoigner de l'esprit du lieu, mais surtout de son Mouvement vivant et intelligent. Et cela grâce à son ouverture corporelle et spirituelle à lui. Ainsi, tout est relation et mouvement. Car toute l'alchimie de cette création réside dans la perception, presque insaisissable, du lien qui unit l'esprit du peintre et celui du paysage dans la sensation corporelle de l'instant, pour que naisse la Vision du Mouvement caché. Toute la magie d'une telle œuvre réside dans le voyage à rebours que doit parcourir le spectateur, quand il s'immerge dans le tableau, pour en retirer la substantifique moelle. Celui qui regarde la peinture doit, pour faire ce processus à l'envers, être connecté d'abord aux énergies de son corps puis à ce Mouvement en lui-même. Et c'est seulement ainsi qu'il peut progressivement "comprendre" la peinture qu'il contemple. C'est là, tout le jeu et la recherche subtile de la peinture chinoise classique des paysages. Ce double mouvement inter-relationnel, ressenti dans la forme de l'invisible. Ce Mouvement caché ne peut être vraiment saisi que s'il y a résonance avec nos propres énergies du corps et notre ouverture consciente. Cela ne nécessite pas qu'on en ait une connaissance intellectuelle spécifique. Il peut s'agir tout simplement d'un ressenti intuitif, un dialogue imperceptible que le corps et l'esprit entretiennent avec l'essence de la nature et de notre Nature subtile. Tout cela nous dépeint une des caractéristiques fondamentales du Mouvement qui est la relation invisible, dynamique et interdépendante, entre l'intérieur et l'extérieur, l'esprit et la chose, le sujet et l'objet.

Le Feng Shui

Continuons dans notre exploration de témoignages de Mouvement de l'Infini. Et attardons-nous sur une "science" antique chinoise, le Feng shui. Voyons d'abord ce qu'elle peut témoigner, dans sa pratique, de l'existence d'une dynamique invisible agissant par et à travers les lieux de notre quotidien. C'est-à-dire de l'étude des énergies interagissant avec la matière de nos constructions. Le principe de base du Feng shui est le jeu entre les influences invisibles générées par les formes et structures profondes d'origine naturelle ou artificielle et l'équilibre somato-psychique de l'homme. Et ce sont les mécanismes subtils de ces influences qui conditionnent, par l'intensité et la qualité de leur présence, l'harmonie "vibratoire" du lieu. Autrement dit, des énergies en mouvement ou en stagnation, aux caractères divers, conditionnent l'agrément et la vitalité bienfaisante, pour l'homme, d'un lieu. Ainsi, traditionnellement, avec le Feng shui, on utilise les formes, dans l'architecture et l'agencement d'intérieur et de jardins, pour générer des forces équilibrantes pour la santé et la prospérité. Nous somme en plein cœur du travail des énergies et de leurs influences. C'est dans ce vivier que se trouvent des manifestations possibles du Mouvement de l'Essence en soi. Mais, pour pouvoir les discerner, il nous faut déjà intégrer un minimum des bases de l'énergie, des bases du Feng shui.

Pour le Feng shui, l'aspect sensible de vide, ou absence de matière, a une place prépondérante. En effet, c'est dans ces espaces de transitions entre les formes que le flux de l'énergie et sa circulation se mettent en place, en fonction justement de ces formes. Cela signifie que, non seulement les formes en elles-mêmes émettent directement une influence invisible et efficiente sur le vivant, mais aussi qu'elles interagissent avec le milieu aérien avoisinant. Ainsi c'est par, et dans, le vide que se crée une ambiance énergétique générale, du fait des interactions de l'ensemble des formes présentes. Et par formes, nous entendons aussi bien la forme générale que le type de matériau, la couleur, la taille, les angles, le revêtement... Donc, l'homme vivant, de facto, baigné dans ce milieu atmosphérique vibrant de toutes ces influences, en subit les effets. Évidemment, ces effets varient très notablement en fonction de sa propre constitution physique et de sa réceptivité énergétique.

Ces considérations vitales des influences des formes dans nos vies humaines reposent sur des notions d'harmonies et d'interactions énergétiques. Si pour nous, occidentaux, les notions d'ondes et de champs électromagnétiques influant sur la santé sont récentes, pour l'Asie cela est une évidence depuis longtemps. Là-bas, l'homme y est expérimenté comme un champ complexe d'énergies interdépendant du milieu, lui-même défini par des énergies en constante mutation, selon des règles précises. Car pour le Feng shui tout est relation, entre matières et vivants. Et même les considérations esthétiques reposent sur ces relations. Ou, pour être plus précis, ce n'est pas le "beau" qui fait l'harmonie, mais l'harmonie qui engendre une certaine forme de beauté. Cela signifie, que pour le Feng shui, l'esthétique peut être trompeuse. Que l'aspect culturel ou savant de considération du beau empiète souvent sur les valeurs "objectives" cachées de l'harmonie énergétique naturelle. Nous revenons ainsi au motif récurrent de notre dialogue, à savoir la recherche de la Vie derrière les apparences cloisonnées de la vie telle que l'homme occidental l'a conçu ces dernières décennies. Autant, dans notre culture, il ne serait pas logique de lier un état physique (santé), mental ou émotionnel à la forme d'un lieu ou des objets qui le constituent. On ne saurait dire qu'un jardin à la Française (type jardins de Versailles) avec ses coupes franches aux arrêtes saillantes et ses chemins à angles droits, "hachent" les énergies, rendant le lieu impropre au bien-être. Nuisant à toute régénération ou repos des flux subtils de l'homme qui y demeure. Non, car l'occidental ne verrait dans ces jardins que l'harmonie visuelle générée par l'aspect géométrique et conceptuellement parfait. Finalement, une vision purement intellectuelle ou sentimentale (dans le sens d'excitation émotionnelle réactionnelle). Alors qu'un asiatique sentirait bien l'aspect "agressif" d'un tel lieu et son non-enracinement dans l'équilibre naturel. Il s'agit bien d'une folie humaine qui, loin de la recherche d'une harmonie avec la nature (et sa propre nature), s'attache plutôt à la défier en exhibant sa supériorité. Le Feng shui, dans l'architecture et l'agencement intérieur, conçoit l'invisible comme un élément central dans toute conception de réalisation ou d'aménagement. Par exemple, il tient compte du lieu brut sur lequel la création va se mettre en place, non pas d'un point de vue visuel ou topographique, mais sur la base des mouvements invisibles déjà en place et leurs nécessaires interactions avec le futur bâtiment. Mais, paradoxalement, c'est bien grâce à la matière elle-même que cet art arrive à agencer les énergies pour se jouer des limites naturelles du lieu. Et tout est interdépendance en transmutation, toujours. C'est-à-dire que cette architecture est vivante et qu'à chaque ajout d'un élément, c'est l'ensemble qu'il faut reconsidérer et non pas morceau par morceau. L'architecture occidentale moderne essaye bien de travailler autour des espaces, mais essentiellement dans la perspective de la circulation de la lumière naturelle. Elle se limite ainsi souvent à une recherche esthétique ou de confort visuel. Cette vision occidentale repose, encore une fois, essentiellement sur des considérations purement intellectuelles. Le corps vibrant est le grand absent de cette approche. Cette conception architecturale passe, non par un ressenti intérieur ou une intuition liés au corps, mais par un concept, une idée, c'est-à-dire quelque-chose de figé ou d'artificiel. Or, c'est dans la modalité d'interdépendance mouvante que peut s'approcher la notion de Vie et, par prolongement, celle de flux énergétiques circulant par corollaire de la matière.

Le feng shui est un terrain propice à l'émergence d'œuvres témoignant du Mouvement de l'Essence en soi, car il se base sur une écoute profonde et le ressenti des énergies. Sur cette base, l'accès à un plan plus subtil des forces de Vie est facilité. Cependant, le plan énergétique propre à la nature même du feng shui n'est en aucune manière une garantie d'y voir éclore une œuvre témoignant du Mouvement de l'Infini. Il faut bien Autre chose pour permettre que soit exprimées

« ouvertement » des forces aussi puissantes et spirituelles, constituant la source Vivante et Intelligente des Mondes. Certains jardins japonais d'inspiration Zen peuvent, comme celui sur la photo qui suit, témoigner du Mouvement. Nous allons essayer d'accéder au ressenti de ce témoignage.

Notez la simplicité du décor. N'essayez pas de percer, d'un coup d'œil, le mystère de ce paysage, a priori minimaliste. Décontractez-vous. Regardez, dans un premier temps, l'arbre au centre, en même temps que le carré formé par les bâtiments qui l'entourent. Continuez à regarder. Tout en maintenant votre attention sur l'arbre et le carré, essayez maintenant de prendre note des touches de couleur verte apportées par les petits buissons autour de l'arbre. Restez ainsi quelques instants. Puis détendez vos yeux, défocalisez et regardez uniquement le chemin blanc en pierre et l'arbre aux feuilles rougeoyantes dans le fond. Continuez quelques instants. Puis lâchez prise et saisissez dans sa globalité la photo, sans les détails.

Peut-être alors sentirez vous comme une

ouverture ou une Présence. L'effet est moins fulgurant que pour les peintures de paysages chinois mais il est bien là. Si on prend le temps de répéter l'exercice ci-dessus. Peut apparaître alors un sentiment d'éternité et d'enracinement. De simplicité évidente et, au fond de nous, un ressenti d'ouverture à l'inattendu.

Cet exemple d'architecture Feng shui, grâce à une dynamique et des géométries créées par l'artiste Sage, permet l'exposition visible des forces Vivifiantes spirituelles co-oeuvrant dans la Création et le Soutien du monde. Ce faisant, l'artiste témoigne de sa Conscience et de son enracinement intérieur au Mouvement de l'Essence en soi. Il nous indique la Voie, le Chemin de la Source des choses, par cette œuvre Étrique Vivante. Il ouvre notre cœur au possible d'une beauté mystérieuse, spirituelle et vivifiante qui nous plonge dans l'Unité et la Sérénité. Une Beauté qu'il nous est possible de trouver en nous-mêmes, si déjà nous arrivons à la pressentir dans cette œuvre.

Le Mouvement de l'Infini

L'ésotérisme du trois

Pour caractériser philosophiquement la notion de Mouvement de l'Essence en soi, que nous tentons âprement, ici, d'approcher par des mots, les sages chinois utilisent le chiffre 3.

Autant, pour les chinois, c'est le chiffre 5 qui est lié aux énergies, à leurs déploiements qualitatifs et quantitatifs. Ces énergies sont si importantes pour la vitalité et pour la dynamique vibrante du corps, grâce aux forces invisibles qui le soutiennent, le nourrissent et l'accompagnent. Les énergies, caractérisées par le chiffre 5, sont le courant invisible de la vie dans son aspect vital. Elles sont le substrat de la matière et de certaines de nos interactions humaines avec le monde. Comme sont liés la vibration d'un bol tibétain que l'on frotte et le son qui est alors émis. Matière et énergie sont les deux faces d'une même pièce. Une interaction directe, mais invisible, passant de la cause à l'effet et de l'effet à la cause.

Le chiffre 3 est d'une autre portée, car il peut témoigner, dans certains cas, du Mouvement de l'Infini. Il se retrouve formulé dans la très classique trinité Ciel-Homme-Terre et Ciel-Terre-Homme. Il est également inscrit, de façon allusive, dans le symbole du Taichi où yin et yang se côtoient et s'entrelacent, avec au centre un cercle.

Le 3 permet d'évoquer le fait que tout est relation et interdépendance dans des rapports subtils et invisibles. Autant le yin yang est une évidence énergétique et physique, puisqu'il s'agit de la loi de la dualité (une action donne une réaction), le 3 est d'un autre ordre. Il symbolise l'équilibre dans le mouvement. Il va jusqu'à suggérer, dans son approche ésotérique, le secret du "rapport dans le rapport". Essayons d'expliquer cela le plus clairement possible. Dans la vision symbolique asiatique, deux objets ou deux sujets ne sont jamais directement l'un en face ou en contrepoint de l'autre. Il y a toujours un troisième élément plus ou moins visible qui est là, présent comme une transition, un filtre ou un adaptateur. Ce troisième élément est naturellement indispensable à toute relation ou confrontation. En prendre conscience facilite donc la vie, dans son aspect de fluidité, d'harmonie mais aussi d'efficacité. C'est comme le palier que l'on trouve dans tous les restaurants chinois, entre l'extérieur et l'intérieur. Un palier qui permet un passage plus harmonieux pour ceux qui sont à l'extérieur et ceux qui sont à l'intérieur. A l'intérieur, les clients ne sont pas importunés par les courants d'air provoqués par ceux qui arrivent. Quant aux personnes qui attendent de pouvoir rentrer, faute de place, elles peuvent se tenir au chaud dans ce sas. Et, d'un point de vue énergétique, ce palier empêche les bonnes énergies de sortir et les mauvaises d'entrer. Un peu comme une bouche dans le corps humain.

Cette notion du 3, imprègne même les objets du quotidien en Chine (du moins de nos jours, dans les campagnes). Beaucoup de tabourets ou de marmites y ont trois pieds ; ce qui permet un équilibre dans le déséquilibre. Une stabilité qui n'est pas bloquée comme avec le quatre. On s'en rend compte en s'asseyant sur un siège à trois pieds. Il faut trouver avec son corps la bonne station pour y être stable. Le 3 symbolise bien, comme on le voit, l'équilibre avec la subtile dynamique de toute chose qui n'est possible que par une relation vivante entre le tabouret et le corps, sinon il y a déséquilibre. Dans une chaise moderne, il y a quatre pieds, l'équilibre est acquis mais au dépend d'un rapport au corps. Du fait d'une stabilité mécaniquement acquise, on oublie son corps. C'est plus confortable à court terme, mais délétère à long terme. Car le corps s'avachit, sur cette chaise, dans toutes les postures possibles sans avoir à tenir compte de son besoin physiologique d'une certaine tonicité détendue de la colonne vertébrale. Le symbole du 3 est de l'ordre d'un équilibre vivant et donc ne saurait se mettre en place de façon automatique.

La notion asiatique de 3, comme symbole d'une quintessence de la relation, se retrouve aussi dans la pharmacopée chinoise, indienne et tibétaine. Ces pharmacopées intègrent dans chaque médication, destinée à un individu particulier, plusieurs plantes (racines, fleurs ou feuilles), qu'elles mélangent pour jouer sur les interactions subtiles de ces dernières. Elles s'appuient, dans leur démarche, sur leurs compréhensions, acquises au fil des siècles, qu'une association de plantes est bien plus qu'une simple addition de propriétés thérapeutiques. Cette vision se détache très clairement de celle de l'Occident, même en ce qui concerne ses anciennes traditions phyto-thérapeutiques (grecques, druidiques, médiévales, ou simplement Traditionnelles). Pour ces pharmacopées asiatiques, l'effet curatif de la médication résulte d'une série d'interactions entre des plantes savamment choisies, obéissants à des lois énergétiques généralement basées sur le chiffre 3 (trois doshas pour l'Inde) et le 5 (les cinq éléments pour la Chine, l'Inde et le Tibet). Bien sûr, la complexité d'une telle approche du médicament est en miroir de celle du diagnostic somato-psycho-énergétique du patient. C'est-à-dire, que cette vision thérapeutique découle d'une longue élaboration discriminative des éléments constituant l'être humain, du plus grossier au plus subtil, et de leurs interactions dans un corps vivant. Nous sommes bien, alors, dans une quintessence de la relation du vivant dans le vivant par le vivant. Pour illustrer cela, prenons un exemple dans la médecine chinoise traditionnelle : on peut utiliser classiquement, pour la confection d'une médication, une plante comme ingrédient principal et y adjoindre une seconde plante pour renforcer, ou compléter, l'effet des propriétés propres à la plante principale. Tout cela dans l'optique des effets recherchés pour le traitement du patient. On y adjoint encore trois autres plantes pour équilibrer, par des fonctions énergétiques complémentaires, l'incidence pharmacologique et énergétique principale. Cela peut permettre aussi de contrôler les effets non désirés (d'ordre énergétique selon la loi de 5, du yin/yang, et de la biochimie) de la plante principale sur le patient. De plus, il y a une véritable interaction, circulation dans les fonctions des cinq plantes ainsi associées, pour s'adapter de manière vivante et précise au patient, dans la complexité de son état perturbé et de sa constitution morphologique et énergétique naturelle. Le 3, c'est l'association de 5 plantes pour obtenir par l'équilibre de l'énergie, l'harmonie des trois principes constitutifs de l'homme (les trois dantian et les trois doshas). Ce qui diffère de la pharmacopée occidentale, qui recherche la standardisation absolue et n'utilise jamais plus d'un principe actif par médicament. Cette approche assure une efficacité et une utilisation plus simple. Elle produit un effet plus puissant, mais aussi des effets secondaires beaucoup plus importants et délétères. Et comme le produit est utile sur un seul symptôme voire d'un syndrome, on doit en prescrire plusieurs pour l'ensemble des plaintes et pathologies du patient. Ce qui crée souvent des interactions, si ce n'est dommageables, rarement harmonieuses. Tout cela est un exemple typique de la différence de vision entre Occident et Asie (du moins pour le centre de leur tradition culturelle respective). L'Occident préfère ignorer l'approche asiatique basée sur le mode relationnel du 3, car son indésirable aspect subjectif implique une expérimentation corporelle qui met du temps à s'acquérir. Dans son désir d'efficacité rapide, l'Occident a préféré le zapper. Il ne fait aucun doute, que cette vision dynamique, inscrite dans le cœur secret de l'Asie, est indubitablement instable voire désagréable à celui qui s'y expérimente pour la première fois. Cependant, il ne s'agit pas, dans ce "subjectif" (nécessité de l'intervention sensible et énergétique du thérapeute dans le processus de compréhension et de traitement) d'un manque d'efficacité ou d'une preuve de dilettantisme de la pharmacopée asiatique. La preuve en est qu'actuellement, des chercheurs en médecine occidentaux s'intéressent à un aspect de cette vision, avec leurs outils scientifiques. Ils ont découvert que l'association de deux principes actifs dans un même médicament pouvait générer un effet thérapeutique totalement différent du premier ou du deuxième principe actif associé. Loi du 3 : 2 principes actifs mélangés permettent d'obtenir un mélange avec un troisième et nouveau effet thérapeutique. Cette découverte est véritablement très surprenante pour l'esprit d'un médecin occidental, mais logique pour celui d'un asiatique. De la relation de 2, dans certaines conditions de réalisation et/ou d'observation, naît quelque chose d'inattendu.

Maintenant, abordons l'aspect ésotérique du symbole du 3. Abordons la question du "rapport dans le rapport" qui est si intéressant à la compréhension du Mouvement de l'essence en soi. Pour cela, prenons l'exemple physiologique du coude. Le coude peut être vu comme la simple relation additionnelle de 1+1, c'est à dire la possibilité d'un avant bras à s'articuler avec le bras. Somme toute, un concept pour désigner la rencontre des extrémités de deux parties jointes, et que l'on nomme articulation. C'est-à-dire deux os qui s'emboîtent. Mais, dans l'optique ésotérique et énergétique du 3, il en est autrement. En tant qu'articulation, le coude n'est pas que la transition du bras (humérus) avec l'avant-bras (cubitus et radius) mais est une entité à part entière qui a ses propres fonctions et caractéristiques. Ainsi, en médecine occidentale, nous pouvons constater que le coude recèle un nœud de ganglions lymphatiques (les ganglions épitrochléens). Et dans l'approche de la médecine Taôiste, le coude renferme une petite réserve de Jing, une essence de la vie. Le coude apparaît ainsi, comme une entité en soi, qui est plus que la « simple » fonction de joindre deux parties. Le coude possède des caractéristiques qui vont au-delà. Aussi, nous sommes déjà dans une approche subtile du 3 et plus seulement du 2. Mais cela n'est pas tout, loin s'en faut. Le coude peut, s'il est appréhendé véritablement avec ses deux parties, que sont l'avant bras et le bras, transformer un rapport simple de 1+1 ou celui de 1.1.1 en Autre chose, le "rapport dans le rapport". Le coude, pris en considération consciente, c'est-à-dire sensitive, énergétique et étrique, transmute le membre supérieur. Celui-ci acquiert alors, un nouveau pouvoir ou une nouvelle force. Dans les Arts martiaux internes chinois, comme le Taichi, le Bagua et le Hsing I, chaque mouvement de l'ensemble du membre supérieur, part de l'épaule et est entraîné, développé par le coude. Le coude a alors, selon un secret bien gardé des Maîtres de L'Art, une importance pratique primordiale, qui peut s'exprimer non seulement grâce a son ressenti éclairé mais surtout grâce à son activation énergétique et dynamique. Ainsi l'adepte peut, par cette technique du 3 (intégration du coude à part entière dans sa relation subtile énergétique et sensitive avec le bras et l'avant bras), exercer un nouveau pouvoir. Le pouvoir généré par l'union totale du mouvement physique ressenti globalement et de l'énergie traversant le corps. Un pouvoir sur sa santé, sur son alchimie intérieure et sur le déploiement d'une plus grande force avec en plus, moins d'effort physique développé. De la sorte, nous voyons que d'une apparente simple relation de deux éléments peut émerger, par la vision du 3, la manifestation du Mouvement. Le dévoilement, dans la vie, d'une autre Vie. C'est-à-dire que le coude, exploré dans une approche Consciente, permet par l'intégration du 3 (à la fois le 3 dans le coude et le 3 dans le rapport déplacement, être et environnement) de faire émerger des forces de Vie dans le corps. D'incarner dans le corps certains pouvoirs du Mouvement de l'Essence en soi.

Le Mouvement de l'Infini

III

LE MOUVEMENT DANS LA MATIERE :

Jusqu'à présent, nous nous sommes penchés uniquement sur l'approche Asiatique et ce qu'elle pouvait témoigner, au centre de sa Connaissance, du Mouvement en tant que Vie dans la vie. Maintenant, nous avons une idée un peu plus claire de ce qu'est ce Mouvement de l'Essence en soi, grâce aux nombreux exemples explorés ci-avant. Mais, si l'Asie semble avoir une plus ancienne expérience de cette notion du Mouvement dans ses arts et ses sciences, le Mouvement ne saurait être limité à une vision ou un continent. Car Il existe, non en tant que notion mais en tant que réalité. Et la réalité est partout. Et notamment dans les lois de l'univers. Il semble alors évident, qu'en y regardant d'assez près on doit retrouver des traces, ici et là, du Mouvement de l'Infini au cœur même des sciences occidentales comme l'astrophysique, la chimie, la neurobiologie, la psychologie. Certes, il pourrait sembler que, de par la subtilité extrême des manifestations décelables du Mouvement, seuls les domaines concernant l'art ou une approche énergétique puissent nous révéler des traces de sa présence. Mais non, la face cachée de la vie, dans ce qu'elle a de vivifiant étriquement parlant, peut apparaître à celui qui la recherche sérieusement, dans la matière elle-même.

Mais, avant de pouvoir aborder de plus près les phénomènes encadrés par les sciences qui témoignent du Mouvement de l'Essence en soi, il nous faut nous préparer. Préparer notre esprit à une certaine souplesse, à une vision mouvante à la fois précise et englobante. De même que, pour l'Art en Asie avec la peinture des paysages, il nous a fallu être introduit intellectuellement à la notion de vide, puis apprendre à regarder différemment. Pour ensuite nous plonger directement dans un tableau. Et peut-être alors, entrapercevoir quelque-chose d'Inconnu, qui nous touche et nous rapproche de cette notion de Mouvement. Pour ce voyage en Occident, il en sera de même. Nous aborderons d'abord les aspects de certaines sciences qui, par leurs étonnantes réalités, nous ouvriront à une vision différente et plus vivante. Avant de plonger dans les cas particuliers qui révèlent la présence visible du Mouvement de l'essence en soi.

Molécules

Les choses ne sont pas ce qu'elles paraissent être, mais alors pas du tout. La matière est composée uniquement de molécules, elles-mêmes composées uniquement d'atomes. Et ce sont les particules élémentaires, la structure la plus petite de l'univers, qui constituent les atomes. Et, fait extraordinaire, il suffit de quelques types de particules, et plus exactement de 3, pour constituer ou construire la totalité des atomes existant sur terre. Juste 3 particules élémentaires différentes (le quark up, le quark down et l'électron) pour expliquer l'ensemble de la matière, grâce à leurs multiples possibilités de combinaisons. Ceci car chaque atome est composé d'électron(s) et d'un noyau. L'électron est une particule élémentaire. Et il faut trois des deux quarks évoqués, pour former le proton et le neutron, uniques éléments, variant en nombre, du noyau de l'atome. Et voilà ! Certes, pour englober absolument tout ce qui existe dans tout l'univers, il faudrait prendre en compte 12 particules élémentaires et leurs anti particules. Mais restons sagement à ce que nous pouvons toucher et expérimenter ici, sur notre planète bleue. Ainsi, nous pouvons nous contenter de trois types de particules élémentaires pour base d'absolument tout ce que nous avons pu voir de nos yeux et toucher avec notre peau. Nous pouvons vraiment dire, au vu de ce constat scientifique, combien cela est étrange. Étrange, si nous prenons la peine de considérer la signification pragmatique d'une telle connaissance, au vu de notre expérience humaine. Nous sommes habitués à penser qu'une vraie nouveauté vient forcement d'une nouvelle matière avec de nouvelles propriétés. Les traitements antiviraux du Sida, le gore-tex et le kevlar dans le textile, les écrans couleurs et les écrans plats (Ythrium). L'histoire de l'humanité nous montre que chacun fois que l'homme faisait une découverte majeure, il le devait en grande partie à la découverte d'une nouvelle matière ou de la découverte d'une propriété ignorée d'une matière déjà connue. Ainsi la technologie humaine évolua progressivement depuis la préhistoire avec, par exemple, la découverte du sel, de la chaux, du cuivre, du bronze, du fer, de l'acier, du papier, du salpêtre, de l'aimant mais aussi du charbon et de la vapeur, du diesel puis de l'électricité (grâce aux propriétés de certains métaux), des antibiotiques, du radioactif, de l'électronique (terre rare) et enfin des innombrables matières issues des nanotechnologies. On voit bien, que la plupart des bonds en avant des technologies sont liés à la découverte de propriétés issues de nouvelles molécules. Les recherches expérimentales, industrielles, militaires ou fondamentales sont basées sur l'étude de nouvelles molécules pour en extirper des propriétés possiblement utilisables ultérieurement. Or, théoriquement, la constitution même des atomes résulte de la combinaison de quelques particules élémentaires, certes très difficile à mettre en œuvre car nécessitant parfois des chaleurs que l'on ne trouve qu'au cœur des soleils. Mais, quoiqu'il en soit, chacun des atomes est constitué des mêmes trois particules mais en quantités différentes. Ce qui pourrait donc s'apparenter logiquement à une simple addition ou soustraction de particules, le jeu de trois espèces de particules pour toute la création terrestre. Et l'étrangeté réside bien là. Toute la nouveauté, la profusion hétéroclite de matière, de molécules aux propriétés si variées qui constituent notre quotidien (tant naturel qu'artificiel) se résume ultimement (du moins, dans l'infiniment petit de la matière) à trois espèces de particules différentes, pas plus. Il apparaît alors évident que toute la valeur et la complexité de notre monde physique demeure, non seulement, dans les particules élémentaires elles-mêmes, ces briques primordiales de la matière, mais aussi dans leurs interrelations, dans leur liens. Pour pousser le raisonnement à son extrême, nous pouvons dire que toute l'extraordinaire et éblouissante richesse du monde sensible repose non seulement sur de la matière élémentaire en tant que telle, mais aussi sur des liaisons, c'est-à-dire sur les connexions, en elles-mêmes, de ces briques élémentaires. Ce qui témoigne que ce qui peut sembler comme si consistant, exubérant, impressionnant et varié est, en partie, la résultante de relations, de liens.

Et maintenant, si on passe à une autre échelle, du quantique au biochimique, voyons ce qu'il en est. Dans le monde organique, c'est presque la même constatation pour les molécules qui constituent le vivant que pour les atomes et les particules. La matière organique n'est, pour l'essentiel, constituée que de quelques atomes : le carbone C, l'oxygène O, l'hydrogène H, l'azote Z, le phosphore P et le souffre S. A partir de la combinaison de ces six atomes, des centaines de milliers de molécules aux propriétés différentes sont créées pour constituer tout ce qui vit sur terre. Des molécules qui charpentent et font fonctionner nos corps et celui de tous les êtres vivants. Toute la profusion de la matière organique, la matière qui compose les corps de toutes les créatures du règne végétal et animal, ne tient presque qu'à ces six atomes. Cela est quelque chose d'étourdissant pour notre compréhension. Car là encore, si on y réfléchit bien, ce ne sont pas seulement les éléments de base qui définissent en eux-mêmes la matière en tant que telle. Mais c'est aussi leur interaction, leur rapport. C'est de la dynamique de leurs liaisons plus ou moins solides que naît le mouvement de la vie, c'est-à-dire le foisonnement de l'ensemble presque infini de la création. On est bien là au cœur du principe du vivant, dans ce qu'il exprime d'une vérité basée sur un modèle de la prévalence, dans la vie, du rapport et du lien mouvant. Un rapport qui pourrait passer inaperçu dans sa valeur étrique, si on se contentait d'admettre benoîtement que les molécules sont constituées d'atomes. C'est-à-dire de considérer les molécules comme quelque-chose d'issu de la simple addition de briques atomiques. A la façon d'un mur que l'on construirai en associant des pierres avec des pierres. Dans le mur de pierre, on peut presque se passer du liant, le ciment. Mais dans la molécule, une légère variation dans le liant, avec exactement les mêmes atomes, et tout change. Radicalement tout. Car il ne s'agit plus du tout, alors, de la même molécule. Ni donc de la même fonction organique. Un monde se cache bien dans les différentes variantes de ces rapports.

Des agencements des atomes en molécules, passons aux mélanges des molécules avec la chimie et sa sœur l'alchimie. Et c'est avec cette dernière et la distillation que nous allons trouver, maintenant, une manifestation du Mouvement de l'Essence en soi. La distillation est un procédé de séparation par la chaleur de mélanges de substances liquides. Les substances se vaporisent successivement et leurs vapeurs, en se condensant donne le distillat. Cela permet la séparation partielle ou complète de certaines substances par différence de volatilité. Par la distillation du vin on produit un alcool plus fort, dit alcool éthylique. Il existe plusieurs méthodes, dont la plupart sont devenues industrielles pour cette opération. En Alchimie, l'œuvre s'opère avec des cornues ou ballons en verre, une tête de distillation et parfois une colonne de vigreux. Cela permet, pendant le chauffage du vin, à celui-ci de s'évaporer le long d'un circuit en verre qui le refroidit et déclenche sa condensation à l'autre bout. Ainsi on obtient aux deux extrémités du circuit fermé, d'un coté, un ballon avec un liquide transparent à concentration élevée en alcool que l'on appelle « esprit de vin » et de l'autre coté un « vin » avec moins d'alcool. En répétant plusieurs fois l'expérience, on recueille un alcool très concentré que l'on finit par appeler « eau de vie » (même si ses caractéristiques sont loin d'être toujours celles qui sont attendues pour un tel produit : n'est pas alchimiste qui veut). La distillation industrielle opère avec des colonnes de distillation sophistiquée et permet de produire en une seule fois une forte concentration d'alcool. Cependant, lors d'une distillation, s'opère tout un ensemble de mélanges complexes et selon la vitesse de distillation et ce que l'on décide de laisser dans le ballon initial, l'on va obtenir un résultat très différent. Certes, la méthode artisanale lente ne saurait rivaliser avec l'industrielle au regard des concentrations en alcool. Cependant, la distillation lente génère des associations particulières de molécules et d'essences qui ont un rôle indéniable sur plusieurs plans : le plan gustatif et le plan énergétique. Pour le plan gustatif, c'est pour cela que l'utilisation de cornue en verre ou d'alambic en cuivre reste une méthode artisanale utilisée pour l'obtention de liqueur ou d'alcool spéciaux comme le cognac, le scotch whisky ou certaines vodkas. Pour le plan énergétique, domaine de l'Alchimie, la distillation lente et opérée en suffisamment de fois mais pas trop, peut conduire à ce que l'on appelle « l'eau de vie ». De la même façon que l'on a vu avec les atomes, que la vie est relations et que par la modulation de celles-ci, il y avait production de merveilles. De même, mais d'une autre manière, le travail de distillation mis en œuvre par l'Alchimiste permet de réaliser une merveille. Car dans le processus final de cette œuvre, se produit un prodige qui va au-delà de l'énergétique. Le Mouvement de l'Essence en soi intervient de façon patente et discernable à celui qui est capable de le ressentir. Ressentir surtout pendant le processus final où le Mouvement lui-même se manifeste. Et ressentir dans le produit où des résidus de certaines caractéristiques du Mouvement vont perdurer pendant quelques mois, voire années. Certes, ici, nous ne pourrons ni faire voir intellectuellement ni picturalement la justesse de notre propos, car il s'agit ici de pure ressenti. Celui d'une expérience, la distillation finale, et celui d'un produit, « l'eau de vie », qui témoigne directement au corps et à l'Esprit de forces dont la nature dépasse de très loin la simple matière ou des phénomènes énergétiques.

La physique quantique

Explorons de plus prés la physique quantique. Elle est source de découvertes totalement surprenantes et bouleversantes intellectuellement . Elle nous révèle des vérités dans l'infiniment petit qui contredisent souvent la perception de notre réalité quotidienne. Et les chercheurs, eux-mêmes, sont souvent perdus pour interpréter la signification profonde et ses implications dans notre vie et perception intime du monde (au-delà, bien sur, de toute la technologie issue de ces découvertes et qui compose l'essentiel de notre environnement électronique). Nous allons découvrir avec la physique quantique, deux propriétés qui témoignent du Mouvement de l'Infini. Il s'agit de la nature du vide et de l'intrication de la matière.

Les atomes (et donc les molécules) sont constitués en très grande partie de vide (99,9 %). C'est-à-dire qu'entre le premier électron et le noyau d'un atome, les distances sont proportionnellement colossales. Si l'électron devait avoir la taille d'un ballon, la distance qui le séparerait du noyau serait de l'ordre de la distance terre-lune. Ce qui signifie que la matière que nous connaissons est constituée non de plein mais essentiellement de vide. Ce vide n'est pas un rien ou un vide d'énergie, mais recèle, bien au contraire, une énergie presque infinie pour nos dimensions humaines. C'est la cosmologie qui, par l'étude de la propagation de la lumière sur de très grande distances, a su montrer que le vide possédait une énergie tout simplement colossale. Une énergie qui domine, de loin, toutes les formes d'énergies de l'univers. Que ce soit celle de la gravitation, celle de la matière visible, celle des rayonnements et même celle, récemment découverte, de la matière noire. Et le vide n'est pas seulement source d'énergie mais, d'un point de vue quantique combiné à la théorie de la relativité, une source inépuisable de possibles. Le vide, en lui-même, est constamment traversé de vibrations microscopiques. Il est un « espace » où, sans cesse, des particules en émergent, interagissent et y replongent presque instantanément. Le vide est un milieu fourmillant, où ne cessent, sur de très courtes durées, d'être créées puis annihilées toutes les particules possibles. Des particules éphémères qui, lors de transfert massif d'énergie peuvent devenir permanentes. Comme cela a pu être le cas pour notre univers, selon des théories cosmologiques, avec le Big-bang, par une fluctuation quantique pendant une inflation. De plus, le vide recèle encore une autre surprise de taille. La notion de matière, avec les particules, était jusqu'alors bien déterminée. Elle se trouve chamboulée avec la découverte de la nature réelle du vide. Ainsi, suite à de nombreuse découvertes tant théoriques qu'expérimentales, les chercheurs affirment que la matière est indissociable du vide (notamment avec la découverte que la masse des particules ne leur serait pas intrinsèque mais dépendante de la viscosité du vide). Ce qui signifie que la matière n'existerait pas sans le vide. Certes, le vide est rempli de particules tellement éphémères que l'on pourrait presque les dire « potentielles ». C'est-à-dire que, malgré le fait de ce foisonnement impressionnant, rien de permanent n'est créé, sauf dans des conditions extrêmes : un rien pouvant alors produire un univers. Mais dans les conditions ordinaires, malgré cela, c'est ce milieu fourmillant qui par sa nature, donne à la matière une de ses caractéristiques les plus essentielles : la masse. Sans masse, il n'y aurait rien de la matière que nous connaissons, les étoiles, les planètes, la nature, les êtres vivants….

Toutes ces propriétés (l'énergie infinie, le foisonnement de possibles et son indispensable soutien à la matière) nous amène à penser que le vide est, à l'échelle d'une vie humaine, à l'image du Mouvement de l'Essence en soi. Le vide et le Mouvement sont une source de Vie réellement infinie de possibles. Une source qui, même si elle n'est pas utilisée pour transformer une vie par l'Éveil ou un univers par le Big-bang, est un soutien invisible et indispensable. Indispensable pour la matière, dans le cas du vide, et indispensable pour la Vie dans le cas du Mouvement de l'Énergie en soi. Cette vision inattendue qui nous est donnée du vide n'est pas sans évoquer les peintures chinoises et leur jeu pictural du vide et du plein. Dans ces peintures, les traits pleins laissent dévoiler en négatif des formes vivantes. Ces traits pointent l'essentiel dans ce qu'ils ne montrent pas. C'est le vide qui, lié aux pleins de l'encre, témoigne d'un élément naturel plein d'énergie et d'essence. De même, en physique quantique et en astrophysique, le vide, vivier exceptionnel de la création, est tellement présent mais se montre en négatif de ce que nous pouvons voir, les particules des atomes. Le rôle de cette matrice, substrat, reste encore mystérieux à bien des égards. Nous sommes à nouveau dans la mécanique déstabilisante mais vivifiante du contrepoint, de l'équilibre dans le déséquilibre. Car comment rester serein devant ce concept vérifié d'une matière qui n'existe pas sans son vide et d'un vide qui génère de la matière. Les apparences s'écroulent et laissent émerger une vérité inscrite dans la dynamique et l'interdépendance. Le vide, sous cet angle de vue, témoigne puissamment du Mouvement de l'Infini. Sans pour autant s'y identifier car le Mouvement est bien plus encore.

De ces approches de l'atome, nous voyons combien la réalité, comme nous la montre la science, est habitée par des paradoxes -des mystérieux vides et d'une incroyable matière- qui nous forcent à adopter une vision dynamique ouverte.Toute tentative « brutale » de vouloir saisir mentalement l'ensemble est voué à une sorte d'échec. Car la vision juste de cette réalité ne peut être que vivante, c'est-à-dire intuitive et mouvante. Comme si, pour avancer dans cette compréhension, on pouvait utiliser ces informations pour surfer, mais pas vraiment pour construire une maison. Car la maison nous enfermerait alors dans des paradoxes insurmontables ou des certitudes probablement erronées. Et c'est en restant ouvert et en cherchant que se révèle peut être une vision qui fait écho en nous à ce qui nous appelle de l'intérieur.

Le Mouvement de l'Infini

IV

LE MOUVEMENT AU COEUR DE L'HOMME ET DE SA PSYCHE

L'exploration des sciences, à la recherche du témoignage caché du Mouvement de l'Essence en soi, repose sur une sorte de dialectique intellectuelle. En effet, autant la découverte du Mouvement dans une certaine peinture chinoise s'inscrit dans un mode de révélation intuitive ou sensitive, autant pour les sciences cette découverte se dévoile par une démarche intellectuelle. Car cette peinture chinoise est, en vérité, conçue pour donner à ressentir cette Présence du Mouvement. Pour les sciences modernes, il en est autrement. Elles ne sont pas une création, à proprement parler, de l'homme, mais plutôt une découverte de celui-ci. Et le Mouvement, ne peut y être révélé que par un effort intellectuel spécifique de mise en perspective. Un effort indispensable pour réaliser pleinement que le point de vue proposé pour apercevoir la trace du Mouvement, n'est pas qu'un simple jeu de l'esprit. Il s'agit à chaque fois d'une idée qui, si ses tenants et aboutissants sont réellement appréhendés, permet de goûter à un certain basculement mental. C'est-à-dire que l'angle de vue proposé ouvre sur une perspective qui ne peut que nous donner le vertige, si, bien sûr, on a su l'inscrire dans notre réalité de perception familière. Cette démarche intellectuelle nous offre la possibilité de voir, par le décalage même de ce qui est attendu et de ce qui est pointé, le reflet de quelque chose de vraiment Vivant. De quelque chose qui évolue par lui-même, au cœur même de l'idée présentée, et lui donne ainsi un goût d'insaisissable. Une sorte de paradoxe pour une recherche intellectuelle.

La Neurobiologie

Nous abordons maintenant les sciences qui concernent le fonctionnement psycho-comportemental de l'homme. Sa façon de se conduire face aux stimulations extérieures du monde. Nous estimons, en général, que la chose psychique, la mécanique intérieure, est relativement simple dans son agissement. Qu'avec sa volonté, l'homme accomplit ses interactions avec son milieu : lire, se faire à manger, aller au travail, discuter avec son patron, peindre, plaisanter avec ses amis, rire. Cette façon de concevoir l'être humain comme, finalement, une chaîne d'action linéaire simple (je veux - je fais) est complètement factice. Le fonctionnement de l'homme est beaucoup plus complexe en terme de choix, qu'il n'y parait à la simple considération familière de notre vie quotidienne. En effet, l'être humain a différents degrés de fonctionnements possibles, qui font de chacune de ses actions, de la plus simple à la plus difficile, un ensemble de potentiels réalisables. Pour une même action sollicitée par l'environnement, s'ouvre potentiellement en l'homme plusieurs gammes de réponses. Une complexité, qui lui échappe très largement et fait de sa vie, ses pensées et ses actes, une œuvre essentiellement non maîtrisée, voire non aboutie. Ce qui implique, que non seulement l'homme ne se connaît pas, mais surtout qu'il est un être multiple. Ceci, dans le sens qu'il peut se comporter différemment dans une même situation, en fonction du degré d'organisation neurologique qui est enclenché en lui.

Toutes ces considérations, pour le moins insolites, découlent de travaux de recherches scientifiques en neurobiologie et notamment ceux d'Yves Agid sur les noyaux gris centraux, ces structures au cœur du cerveau. Ces travaux montrent que l'être humain peut passer, dans une même journée, par différents états de connectivité neuronale, induisant des comportements et réactivités différents. Le plus souvent, l'homme est en mode automatique. Il est alors gouverné entièrement par les noyaux gris centraux qui gèrent l'ensemble de ses fonctions comportementales. Qu'elles soient perceptives, musculaires, de pensée ou d'émotion. Ce mode de fonctionnement, reposant sur les noyaux gris centraux, est adaptatif et intelligent. Des réponses déjà programmées, car apprises, pouvant être un peu adaptées, permettent de gérer toutes les situations de routine, comme une machine intelligente. Ce mode a des limites certaines, liées à son organisation même, qui fait de lui un système autonome et automatisé. Il est particulièrement intéressant pour l'homme car il nécessite un minimum de stress et de concentration, et donc d'énergie. Ce mode, Yves Agid l'appelle le subconscient. Il le décrit comme un pilotage automatique routinier, qui se réalise sans que l'on y prête vraiment attention. Un mode de fonctionnement permanent, ou de base, qui concerne non seulement l'aspect moteur et perceptif mais aussi mental (pensée et émotion) et qui forme, quasiment, l'ensemble de la vie de l'homme. Selon Y. Agid, ce mode subconscient concerne la presque totalité des activités quotidiennes.

Par contre, dès qu'il y a apprentissage ou prise de conscience, c'est un autre mode qui est activé, le préconscient. Et c'est un autre réseau de connexion neuronale qui est sollicité. Le cortex prend alors la main sur les noyaux gris centraux. Ce nouveau mode correspond, selon Y. Agid, aux capacités de stratégie intellectuelle, de raisonnement et de jugement. C'est-à-dire, un état où nous pouvons réagir face à l'imprévu ou à une demande d'aborder de façon nouvelle un problème. Mais si il y a action, avec le préconscient, c'est toujours sans que l'on pense que l'on agit. C'est-à-dire, que l'on ne prend pas conscience que l'on est en train d'agir, mais en agissant quand même. Je ne pense pas que je conduis mais je conduis. Je ne pense pas que je pense à mon travail mais j'y pense...

Le troisième mode possible pour le cerveau humain est le mode conscient. Il s'agit d'être conscient que l'on agit. Je sais que je conduis ma voiture. Je sais que je pense. Une activité limitée à quelques minutes par jour, pour les intellectuels qui font l'effort de réfléchir aux choses. Le domaine des Sages et méditants par excellence. Un mode pris en charge par une structure neuronale spécifique au sein du cortex préfrontal. Ainsi Y. Agid circoncrit clairement, grâce à ses travaux, trois structures de connections neuronales (liées soit aux noyaux gris centraux, soit à différentes zones du cortex frontal) qui conditionnent trois états intérieurs distincts par leur réactivité (motrice, perceptives et mentales) et leur complexité.

Le mode automatique, le subconscient,

opère via des circuits neuronaux qui ont été programmés par des conditionnements : apprentissages ou situations vécues dans le passé. Ces circuits ont pour but de réagir correctement aux événements déjà expérimentés, car leur réaction est, dans les grandes lignes, déjà inscrite dans la mémoire. Cette répétition adaptée suffit alors à répondre aux sollicitations « simples » du monde extérieur. Cela est vrai pour nos actions musculaires et sensitives comme conduire une voiture, mais aussi pour nos pensée (je dois aller à la pharmacie prendre ceci) et nos émotions (je n'aime pas untel parce que...). Dans cet état intérieur de subconscience, l'être humain limite ses interactions avec le monde extérieur et son monde intérieur à un mode automatique. C'est-à-dire basé sur les répétitions et les conditionnements exclusifs du passé. Bien évidemment, dans cet état, il ne peut exécuter des taches nécessitant une nouvelle approche ou une réponse innovante plus conforme à la réalité plurifactorielle de l'instant. Comme par exemple réagir face à un danger imminent (voiture en face alors que l'on tente de doubler). Il ne peut, non plus, apprendre quelque chose de nouveau. Car dans tous ces cas, il a besoin de passer en mode préconscient, avec l'aide de son cortex, pour prendre conscience de l'ensemble de son environnement et innover.

Ainsi, l'homme a accès, en sus de son état de base, le subconscient, à deux autres états neurologiques de fonctionnements. Des états où la partie frontale du cortex prend une participation plus importante et plus active. Des états de connexion neurologique qui lui permettent de commencer à prendre plus conscience. Car contrairement à ce qu'il peut habituellement croire, l'homme agit, le plus clair de son temps, avec une conscience très superficielle, d'un point de vue neurologique. Certes il agit, pense, ressent en fonction de son milieu et de ses connaissances (factuelles, intellectuelles, gestuelles, morales…). De même qu'il peut, à loisir, se remémorer la plupart de ses actes. Mais tout cela, se fait en lui d'une façon automatique et adaptative grâce aux noyaux gris centraux. Et c'est uniquement en accédant aux deux autres niveaux de connectivité neuronale que l'homme parvient à une certaine conscience. C'est un fait neurobiologique. Ces deux autres états intérieurs, parfaitement définis par les circuits et leurs centres dans le cerveau, lui permettent de s'adapter à une nouvelle situation, de façon plus conforme aux subtilités de la réalité. L'efficacité, dans sa vie personnelle et professionnelle, est redoublée car plus en phase avec ce qui est demandé dans l'instant. Il peut donc apprendre de ce qui l'entoure et non plus, seulement s'y frayer un chemin automatiquement. Cela signifie qu'il est plus ouvert aux événements qui le côtoient et peut interagir de façon plus libre avec eux. Il a plus de choix. Ses réponses comportementales actent alors sa capacité à s'adapter aux invitations de la vie et à ne plus rester enfermé dans son unique monde d'a priori. Sa pensée et ses émotions sont plus ouvertes à l'autre. Il apparaît évident, devant ces énoncés, que ces états faisant intervenir plus de conscience (le préconscient et le conscient) sont, sous tous leurs aspects, très singuliers de l'état de base qui s'apparente au mode automatique, le subconscient. Ils ouvrent la porte à une réalisation plus humaine, de la vie.

Si nous regardons de plus près le

préconscient, cet état de connectivité neurologique particulier qui fait intervenir plus de conscience au sein de son activité, nous voyons que son activité modifie l'ensemble des fonctions psycho-comportementales. C'est l'être humain dans sa globalité qui voit sa perception, sa compréhension et son action se modifier dans leur structure même. A la fois, d'un point de vue de circuit neurologique et d'accès à des zones cérébrales différentes, mais aussi du point de vue de la sensibilité, de la liberté et de l'efficience face à la réalité. Le préconscient, cet état intérieur, est indubitablement une opportunité de vision et d'action sur le monde qui se distingue complètement du mode subconscient, base du fonctionnement humain. Or, l'être humain ne se rend pas du tout compte qu'il lui arrive de temps en temps, peu fréquemment il est vrai, de passer du mode automatique ou état subconscient au mode plus conscient qu'est le préconscient. Il ne réalise pas combien est profonde la rupture de fonctionnement, et tout simplement d'être, qui s'opère lors de ces basculements d'un mode à un autre. L'homme ne voit pas à quel point lui-même change (sa pensée, son émotion, sa perception, son action) lors de ces passages d'un état de connectivité neurologique à un autre. Il ne voit qu'une simple continuité intérieure. Même s'il lui arrive de connecter le mode préconscient et donc d'accéder à un mode plus vivant, plus innovant, plus libre, il n'arrive pas à comprendre ce qui se passe. Car dans sa croyance d'unité intérieure, il ne peut appréhender la multiplicité de ses états intérieurs et leurs conséquences sur sa vie. Il ne voit pas qu'il se cantonne à un seul aspect de son potentiel de vie, celui de base.

Par ce fait neurobiologique, nous voyons que l'homme ne prend pas la juste mesure de ce qu'il vit. De ces changements en lui-même, qu'il ne notifie pas, par habitude et méconnaissance de leur valeur. Cela n'est pas sans rappeler la problématique des peintures chinoises dans lesquelles se trouve un ensemble pictural qui, bien qu'indéniablement présent, reste invisible aux yeux du badaud, dans sa valeur essentielle. Un élément caché qui, quand on le perçoit, change toute la vue de l'ensemble. Quand on comprend ce qui se cache derrière les simples traits et non traits d'une peinture chinoise, on aperçoit une essence vivante, au milieu même de ce qui n'était avant qu'une représentation naturelle. Pour les états neurobiologiques de l'homme, c'est un peu la même chose. En mode automatique (subconscient), il y a bien sûr les plaisirs et déplaisirs qui agrémentent le cours de la vie, mais finalement tout est d'une certaine façon limité et figé au passé, à ce qui a été appris, vécu. Tout est déterminé ou presque. Alors que quand on passe au second mode plus conscient, le préconscient, on permet à la vie réelle de commencer à s'engouffrer en nous, dans nos fonctionnements (moteur, de pensée, d'émotion).

Nous avons bien vu l'intérêt pour l'homme de passer du mode subconscient au mode préconscient. Mais qu'en est-il du passage au mode conscient ? Finalement, quel est le gain de savoir que l'on agit, si déjà on agit de façon parfaitement adaptée, à la situation. Qu'apporte le mode conscient par rapport à celui du préconscient ? Et bien, le mode conscient permet à la pensée de prendre du recul et de devenir plus complexe et moins associative. L'homme qui s'y exerce peut se concentrer plus longtemps sur les taches qu'il choisit. De même, les émotions, vécues dans cet état, sont différentes dans le sens où elles sont moins primaires. C'est-à-dire que l'homme qui les éprouve peut mieux les relativiser et s'en détacher s'il le juge opportun. Ces émotions sont moins brutales car elles apparaissent, dans le monde intérieur du sujet concerné, comme reliées à un ensemble qui les tempère. De plus, et cela est essentiel, le mode conscient réunit les conditions pour l'irruption, en soi, du Mouvement.

En effet, la notion de Mouvement de l'Essence en soi peut intervenir dans le domaine de l'interaction de la neurobiologie et de l'homme. Cela est rendu possible, notamment, par à la mise en écho d'une des propriétés du Mouvement : l'équilibre dans le déséquilibre. C'est à dire le fait que, comme nous l'avons déjà vu, le Mouvement est une force subtile qui existe par elle même, c'est son équilibre. Mais elle ne se révèle que dans des situations qui ne sauraient être figées ou attendues. Situations dont la nature est en essence profondément subtile et dynamique, d'où la notion de déséquilibre. Et cette qualité d'équilibre dans le déséquilibre, propre au Mouvement, fait irruption dans le passage au mode conscient. Tout d'abord, on voit que l'on retrouve un véritable état d'équilibre dans le mode conscient. Car cet état intérieur correspond bien à des circuits neuronaux et zones corticales clairement identifiés. Quant au déséquilibre, il est manifeste dans la tendance naturelle de l'homme à rester cantonné au niveau le plus basique de son fonctionnement, le mode subconscient, avec de petites apparitions du préconscient. Mais presque jamais dans le conscient. Pour la simple raison que c'est le plus facile et le plus confortable. C'est, de toute façon, la base de tout fonctionnement psycho-comportemental. Les modes supérieurs devant s'appuyer pour partie sur lui. Et c'est pourquoi l'homme peut parfois exercer son pouvoir d'activation du mode conscient mais rebascule toujours rapidement sur le mode automatique (subconscient). Et c'est dans ce contexte très particulier d'équilibre dans le déséquilibre, que le Mouvement peut, parfois, se manifester en trouvant écho dans la structure neuronale même du mode conscient. A ce moment là, il transmute l'état de conscience en une porte d'accès à Autre chose.

Le Mouvement de l'Infini, peut donc émerger, dans le passage au mode conscient. Il pourrait s'agir là, d'un phénomène qui se limite, en apparence, à un simple problème de niveau de connexion. C'est-à-dire, quelque chose de totalement inscrit dans la matière. Cependant, les effets de l'accès au mode conscient, comme décrits ci-dessus, appartiennent en partie aux caractéristiques du Mouvement de l'Essence en soi. Il s'agit effectivement d'une ouverture possible à Autre chose, dont les implications sont nombreuses et complexes. C'est un vrai paradoxe de considérer qu'un « simple » changement de connexion au niveau matériel du cerveau, permette une possibilité d'accès à une Autre Vie. Cela est rendu possible par l'intervention du Mouvement, en soi-même. C'est comme si cet état neuronal, dont l'apparition s'inscrit dans « l'équilibre dans le déséquilibre », était une porte d'accès au Mouvement. Celui-ci s'"y engouffrant, nous embrasse étriquement. Mais, cette réalisation « neuronale », condition indispensable à l'action du Mouvement, s'avère excessivement difficile pour qui tente l'expérience. L'abord semble impossible sans un entraînement important et maintenu dans le temps. Les dernières études de cerveau de méditant expert le montrent. C'est après des milliers d'heures de pratique de méditation que le cerveau est capable d'une synergie positive totalement globale et rapide.

La Psychologie

Nous passons maintenant à une autre branche de la science. Pour laquelle, le vocabulaire et la vision sont différents de l'approche neurobiologique. Aussi les dénominations utilisées ci-avant et issues du discours d'Y. Agid, telles que subconscient, préconscient ou conscient, n'ont plus, ici, raison d'être. En science, le vocabulaire n'est qu'un outil dont les protagonistes modulent les définitions dans le cadre de leurs études. L'important étant de savoir, clairement, de quoi l'on parle, ici et maintenant. Pour comprendre le processus et la dialectique des idées avancées.

Pour l'approche psychologique, d'inspiration psychanalytique, l'Inconscient est au cœur du fonctionnement psychique de l'homme, tant sur le plan de la pensée, de ses émotions que de ses attitudes et réactions physiques. L'inconscient est, pour simplifier, cette part obscure, invisible de la psyché, qui est le moteur secret, le mobile caché de la plupart de nos actions ou non actions, qu'elles soient mentales, émotionnelles ou corporelles. Cette partie est comme la marmite de nos profonds désirs et pulsions qui s'entremêlent du fait des liens et nœuds tissés par nos confrontations douloureuses et heureuses avec la réalité. Ce qui est conscient (dans sa désignation usuelle de ce qui est lucide) pour la psychologie n'est que le sommet de l'iceberg. Ce qui signifie que nous sommes le jouet de ces pulsions et désirs, qui œuvrent librement au plus profond de nous. Certes, le conscient (notre volonté apparente) semble pouvoir ordonner et faire ce que bon lui semble. Si je veux, je peux acheter ce rideau rouge à fleurs, ou accepter cette invitation pour un concert... Nous avons certes cette impression de contrôler, si ce n'est notre vie et ses aléas, du moins nos choix de vie, nos comportements. Pour la psychologie, il n'en est rien, tout cela n'est qu'une façade, une illusion. Comme quand on demande à son petit enfant qui rechigne s'il veut mettre ses chaussures rouges ou bleues. En vérité, l'enfant est pris au piège de la proposition faussement ouverte au choix. Il va mettre ses chaussures, et c'est le plus important (pour le parent pressé qui doit emmener son enfant à l'école). Cependant, l'enfant aura l'impression d'en avoir l'initiative, d'être autonome. Pour nous adulte, c'est la même chose. Ce sont ces puissants mouvements de désirs forgés par notre interaction avec le monde (et d'abord celui de nos parents), depuis un peu avant notre naissance. Ce sont eux qui nous susurrent à l'oreille nos choix et orientations. Certes, parfois la force du milieu extérieur, son emprise sur nous, nous imposent des choix contraires aux suggestions invisibles de nos profondeurs. Et cela crée toujours un conflit en nous, un malaise que l'on ne comprend pas, tant ces désirs inconscients n'ont de repos qu'une incessante quête de réalisation, de répétition. Car, non seulement ils exigent leur réalisation, mais espèrent aussi la reconnaissance par le conscient pour les libérer un tant soit peu de leur propre mécanique répétitive douloureuse. La psychologie, et notamment la psychanalyse, propose d'éclairer les élans secrets de ces désirs pour dénouer les conflits intérieurs qui meuvent notre vie, répétitivement, dans une incessante douleur ou incompréhension.

Il est vrai que cette approche de l'inconscient est porteuse d'une étrange vérité sur la vie intérieure de l'homme. Car l'on y voit une sorte de « boîte noire » orchestrer dans le plus grand secret notre vie entière. Comment, alors, ne pas se rebuter devant une telle idée, aux apparences si aliénantes ? Où sont la volonté, le choix et surtout le sens de la vie dans un tel scenario que nous propose la psychologie ? La réponse se trouve peut être dans le regard que nous pouvons porter sur ces surprenantes allégations. En effet, nous pouvons considérer que notre vie est plus vaste que ce qu'elle parait. Que ce qui se passe dans nos profondeurs psychiques, même si finalement les moyens et les finalités nous échappent, appartient à « notre » vie. Que notre sensation d'Être englobe un ensemble que nous ignorons, mais qui nous porte. Alors nous pouvons regarder avec bienveillance cette notion d'inconscient pour en retirer le meilleur, pour notre compréhension de nous-mêmes. Nous pouvons accepter de voir nos actions comme un fleuve aux multiples affluents. Et décider de nager avec ses multiples courants et non contre. Ainsi, nous percevrons que l'équilibre psychique se trouve dans l'accompagnement du flux, entre inconscient et conscient. Cet espace mouvant qui, quand il est éclairé Consciemment, se transforme de torrent boueux et saccadé en affluent limpide et désaltérant. C'est dans cet espace que peut se déployer une force vivifiante harmonieuse.

Cette notion d'inconscient, éclairée ici par la psychologie, nous montre un aspect caché du fonctionnement de l'homme. Un aspect qui, d'ailleurs, revendique ce côté masqué comme mode de fonctionnement inhérent à la bonne marche des choses. Du moins si une circulation libre et fluide s'opère entre inconscient et conscient. Finalement, on retrouve une belle analogie avec le jeu de lumière de la peinture chinoise de paysages, où les nuages apparaissent par contrepoint de ce qui n'est pas peint. Comme l'Inconscient qui est toujours présent dans nos actes sans qu'on ne le perçoive. De même que le blanc, ou le vide, de la toile est toujours là derrière les traits et n'apparaît qu'avec le nuage. On ne perçoit la beauté de cette peinture, qu'en prenant conscience de ce que cachent, comme révélation, les nuages. L'essentiel. Et la fluidité de notre vie humaine ne se réalise que, quand nous voyons enfin l'inconscient se manifester avec et en nous. La vie psychique se manifeste, dans cette vision, comme la manifestation d'un équilibre dans le déséquilibre. Le propre même de l'eau qui s'écoule librement. Alors, progressivement, chacun des protagonistes intérieurs, ces multiples facettes plus ou moins endormies de nous-mêmes, peut s'exprimer librement (sous forme d'émotion ou d'idée) et s'en trouver apaisé, rompant progressivement, par la compréhension consciente et la réalisation acceptée, les nœuds des désirs. Cependant, de nos jours, ce flux est entravé car la vie de l'homme est devenue trop complexe, trop chargée mentalement de concepts. Cela empêche d'accéder un tant soit peu à son inconscient. Celui-ci ferme la porte au nez de son conscient, mais cela n'empêche pas l'inconscient de continuer à frapper à la porte et à imposer la voix de ses désirs. Mais cela se fait de façon tiraillée, détournée et surtout non libératoire pour ses désirs inconscients. La libre circulation entre conscient et inconscient n'est pas, bien sûr, une fin en soi mais c'est un indispensable pour l'équilibre psychique. Pour rassembler ses forces et moins les disperser à lutter contre soi-même, sans même d'ailleurs qu'on ne le réalise. Puis, une fois que l'interface conscient/inconscient puis l'inconscient lui-même sont suffisamment libérés de toutes ces luttes, nœuds, blocages pris dans les chaînes de la répétition aveugle, le Mouvement de l'énergie en soi se manifeste. Cela se fait quand l'inconscient, épuré, prend une place dynamique dans la vie psychique consciente de l'individu. Non par l'injonction de ses désirs, mais par ses propres capacités psychiques et spirituelles. Quand l'inconscient et le conscient dansent de concert, chacun acceptant la place de l'autre et sa force, une synergie s'inscrit dans un flux vivant et spontanément réactif. Alors le Mouvement apparaît et offre des perspectives inattendues, en dehors du temps et de l'espace, à l'être qui accomplit cet équilibre dans le déséquilibre.

Le Mouvement de l'Infini

V

UN OUTIL DE REALISATION DU MOUVEMENT DE L'INFINI

Rappelons-nous qu'au début du récit nous nous étions mis en quête d'une vérité au-delà des apparences, mais inscrite dans notre réalité. Entre le pourquoi et le comment des phénomènes. Nous voulions être touchés au plus profond de nous-mêmes, par ce qui fait l'essence de notre vie, de la Vie. Pour d'abord appréhender la nature de ce mystère qui se cache au plus près de nous, par-delà les dogmes. Puis, peut-être s'en approcher intimement. Pour cette recherche, nous avons exploré la vie pour comprendre et nous avons trouvé, au travers de différents témoignages de la Vie, le Mouvement de l'Infini. Grâce à ces exemples singuliers, tirés de la Tradition asiatique et des sciences occidentales nous avons pu apercevoir des particularités spirituelles du Mouvement se détacher en contre-jour. Je dis bien apercevoir, car ces aspects, bien qu'indéniablement présents, nécessitaient à chaque fois un effort pour se laisser approcher. Avec la sensation, de ne jamais complètement saisir mentalement le Mouvement en tant que tel. Car, en vérité, ce qui a pu être perçu n'est justement qu'une trace, qu'un éclat de la plénitude d'une Énergie quintessentielle. Comme si, à travers certaines manifestations particulières du monde sensible, pouvait transparaître quelque chose de la dynamique de cette Force créatrice spirituelle que nous appelons Mouvement de l'Essence en soi. Bien que nous ne sachions le définir clairement, le Mouvement est plus qu'un concept, puisqu'il existe en tant que tel dans la réalité de notre vécu et dans celle de l'expérimentation objective. Aussi dans tous les exemples traités, il ne s'agit nullement d'analogie ou de métaphores pour mettre en exergue une possible relation entre ces phénomènes et des forces invisibles. Non, dans chacun d'eux, se trouve révélé à notre regard un échantillon d'instantané du Mouvement:

Que ce soit avec l'alchimie, où une opération de distillation, simple en apparence, peut parfois ouvrir à une interaction subtile complexe aboutissant à l'émergence de l'inattendu. Une rupture dans la nature énergétique propre au produit initial, du vin. Puis une irruption du Mouvement en soi, lors de la transmutation du mélange en Autre chose.

Que ce soit avec le vide, qui bien que n'étant rien, n'en laisse pas moins tout émerger de lui. Un vide, essentiel aux particules, et constitutif de la matière. Les flux qui constituent et animent le vide sont, par leur nature mystérieuse, à la fois si puissants et si éphémères tout en permettant la stabilité, le pérenne. Ils témoignent ouvertement du Mouvement de l'Essence en soi.

Que ce soit avec la neurobiologie où le conscient neuronal tel qu'exposé par Y. Agid se révèle dans une réalité inscrite dans les circuits neuronaux, mais qui échappe totalement à notre perception habituelle de nous-mêmes. Un état neuronal clairement défini, mais difficilement accessible, qui ouvre la porte à l'Infini, au Mouvement en soi.

Que ce soit pour la psychologie, avec la

dynamique transduelle entre ce qui est caché, l'inconscient, et ce qui est visible, le conscient psychologique. Une dynamique d'où émerge une globalité générale qu'est l'être psychique ; comme l'arbre a besoin à la fois de racines en bas et de feuilles en haut et que, grâce à ces deux pôles, circulent des flux qui font l'essence de l'arbre. A travers une dualité, libérée et épurée, inconscient-conscient émerge une impulsion de vie, primordiale à l'existence relationnelle de l'homme. Une spontanéité dans l'équilibre qui permet au Mouvement de se manifester.

Mais le Mouvement de l'Infini va au-delà de ce qui nous est donné à voir dans les exemples abordés ici. Il est une Force Divine dont la portée dépasse notre entendement. Une Force qui supporte une partie de la Création et forme une sorte de pont avec la dynamique secrète de l'Intelligence de l'Incréé. Le Mouvement est l'essence surnaturelle de la vie qui coule en toute chose. Il est inéluctablement lié à la matière en formant avec elle un couple irréductible (voir travaux de Rainsfort). Un couple où le Mouvement a la place d'un mode opératoire structurant. C'est-à-dire qu'il n'est pas visible en tant que lui-même, mais plutôt dans sa réalisation en perpétuel développement. Bien qu'il ne se limite pas à cela, en existant au-delà de son rapport avec la matière, une grande part de son pouvoir ne peut s'exercer que dans son interaction profonde et fondamentale avec celle-ci. Et parmi ses pouvoirs, il y a celui de spiritualisation. Le Mouvement de l'Essence en soi est un lien, de par son action, avec l'Intelligence de l'Incréé. Cela signifie que non seulement, le Mouvement incruste, dès l'origine, une immanence à toute chose. Mais qu'aussi, il est une porte d'accès à l'émanence du transcendant. Un accès à l'Infini par chaque chose et en toute chose. Du moins en potentiel.

Nous voyons avec quelle complexité, pluralité et subtilité, le Mouvement se manifeste avec et dans la forme. Combien il lui est lié, et combien il porte en lui sa vie, c'est-à-dire son sens, son articulation phénoménologique et étrique. Nous approchons un peu plus, avec cette compréhension du Mouvement de l'Essence en soi, de cette Vie dans la vie que nous recherchions. Et il est possible d'aller plus avant. Possible de toucher en nous-mêmes à ce Mouvement. Tout cela n'est pas une simple vue de l'esprit et peut être réalisé de façon tout à fait réelle et efficace, en soi. Oui, entrer dans la danse du Mouvement ; le voir, le sentir et l'accompagner, en partie, dans son œuvre. Pour changer, d'abord notre paradigme intime, puis les choses, leur relation, leur incidence et même leur agencement. Cependant, nous avons vu combien le Mouvement est équilibre dans le déséquilibre, combien finalement il est si dur de le percevoir, sans parler de danser avec lui, de s'appuyer sur lui en nous-mêmes. Alors, comment serait-il envisageable de réaliser un tel miracle ? Un miracle si loin du monde dans lequel nous nous sommes enfermés. Comment déchirer le voile de notre réalité ordinaire et conditionnée pour entrer de plain pied dans Sa Réalité. Infinie.

Voilà un projet d'envergure : entrer dans la danse du Mouvement de l'énergie en soi, et profiter de sa dynamique pour nous ouvrir les portes d'une véritable compréhension de la Vie. Y arriver nous permettrait d'accéder à d'efficaces moyens de transformation de notre vie intérieure et d'action sur les événements. Mais, entrer dans la danse du Mouvement ne signifie pas que l'on cherche à trouver le Mouvement pour lui-même. Dans un élan intellectuel ou sensitif, de nourrir d'intensité notre vie sans la changer véritablement. Nous voulons plus que des sensations, nous voulons une évolution de nous-mêmes vers un bonheur pérenne. Nous désirons accéder au cœur de la Vie, là où évolue le Mouvement. Et nous espérons y trouver la Source de toute chose. Cette quête nous mène donc, d'une façon inévitable et indispensable, vers une rencontre intime avec le Mouvement de l'Infini.

Avant tout, il est important, dans cette quête, d'éviter de confondre le Mouvement avec des manifestations « simplement » subtiles ou invisibles. Le flux, le brassage des énergies, le mélange des sensations ou le cahotement des impressions ont le pouvoir de captiver l'être humain. Pris dans leur filet, celui-ci se persuade que quelque chose de constructif se passe. Et ce d'autant plus si cela se déroule dans son corps. Comme si échapper à son quotidien intérieur était un signe manifeste d'évolution positive sur son cheminement. Ce qui importe dans notre quête, c'est que notre compréhension et nos expériences intérieures nous conduisent sûrement vers la réalisation du bonheur, au-delà des pérégrinations et épreuves difficiles que la vie nous impose, au-delà du temps et de l'espace. S'approcher et vivre le Mouvement de l'Essence en soi, ce n'est pas être ballotté ici et là par ses émotions, ni être balayé au gré des pensées inspirantes. Ni être poussé instinctivement dans tel choix de vie. Ni se laisser guider par des flashs intuitifs percutants. Ni obéir à telle puissante pulsion du corps. Cela peut nous faire croire, au vu de la puissance de ces déploiements, que nous sommes dans la vie. Or, dans tous ces cas là, nous ne sommes qu'en périphérie de la vie. Nous en subissons les aléas, et leur donnons le nom de destinée pour mieux nous rassurer. Non, le seul moyen de vivre la Vie est de se trouver au cœur de ce subtil et invisible tourbillon et d'entrer dans la danse du Mouvement. Pour changer notre vie et accéder à l'Autre Vie, il faut découvrir l'outil qui nous permettra, en nous-mêmes, de trouver une prise en lui. Un outil qui appartienne déjà au plan du Mouvement mais qui nous soit, pratiquement, accessible.

Il faut que cet outil réponde aux propriétés que nos rencontres avec le Mouvement ont mis en exergue précédemment. Et ce qui ressort des exemples éprouvés, avec les arts asiatiques et les sciences occidentales, peut se résumer à trois grandes caractéristiques. La première est la notion d'équilibre dans le déséquilibre, la deuxième, l'inter-relationnel avec le 3 et la troisième, l'aspect invisible bien que présent. Et seule L'attention semble répondre à ces trois critères. L'attention est cette capacité de focaliser notre regard, notre intellect sur l'objet de notre choix au gré de notre intérêt. Elle est comme une loupe, un exhausteur et un inducteur. Avec elle, l'objet de notre intérêt devient plus clair et préhensible. Avec elle, les sens prennent une dimension plus réaliste et intense. Avec elle, certaines opérations complexes deviennent possibles, comme penser sans rêver, agir en adéquation avec un milieu inconnu ou changeant. Et l'attention répond bien aux trois caractéristiques recherchées. Notamment, elle est invisible bien que présente. Car on oublie complètement que nous l'utilisons chaque jour et que c'est elle qui conditionne notre vie d'une façon si importante. Nous ne cherchons pas à apprendre à l'utiliser alors que cela changerait complètement notre vie.

La façon la plus efficace pour s'appuyer sur le Mouvement, avancer au cœur de la vie et ne plus être ballotté de-ci de-là par celle-ci consiste donc à travailler avec l'attention. A travailler avec elle d'une façon très particulière et spécifique. L'attention par ses qualités de subtilité, fluidité et pénétration permet, avec la précieuse aide de techniques adaptées, d'approcher le Mouvement de l'Infini puis d'y œuvrer en son sein. On l'a vu, ce n'est ni inné ni naturel pour l'homme de se relier au Mouvement pour avancer dans la Vie. Que ce soit d'un point de vue neurologique ou psychologique, l'homme moderne est naturellement écrasé dans le matériel. Il ne peut se décoller de ses états inférieurs de fonctionnement ni de ses états chaotiques de vie intérieure conflictuelle. Certes, il lui arrive parfois de se désengluer de tout cela, mais ce n'est pas lui qui en est alors l'artisan. Il s'agit d'un soubresaut de la vie elle-même qui, par ses secousses arbitraires ou délibérées, invite à s'ouvrir à la Vie. Ces soubresauts ou invitations sont comme une main invisible qui frappe à la porte de notre conscience, pour nous apporter un échantillon de Vie. Mais, tout le conditionnement culturel de l'homme, le porte à vivre en périphérie de la Vie, pour une raison de stabilité neurologique et psychologique. Aussi l'attention, bien qu'élément constitutif de la nature même de l'homme et outil idéal pour éclairer sa vie, ne lui est pas d'une utilisation familière. L'attention est cet ami intime à qui l'on a toujours tourné le dos. Et avec lequel on a complètement oublié comment on pouvait dialoguer.

Le travail avec l'attention nous permet d'éclairer tous les processus, intérieurs ou extérieurs, sur lesquels elle se pose suffisamment de temps. Cependant le but dans notre recherche n'est pas, en soi, de prendre conscience de l'objet de notre choix, que ce soit dans un souci de compréhension ou d'interaction. Pas plus d'ailleurs que de prendre plaisir à observer en nous le mouvement des pensées, des émotions ou des sensations. Ce que, indubitablement, l'attention peut faire avec un peu d'entraînement, pour produire un certain calme. Non, nous ne cherchons pas à approfondir le contenu des pensées, des émotions et des sensations dans l'objectif de mieux comprendre leur fonctionnement. Ni à simplement chercher un confort passager ou superficiel. Car ce serait, alors, rechercher une sorte de staticité. Comme si, le trésor que l'on poursuivait se trouvait caché dans un endroit géographique très précis. Un endroit qu'il nous suffirait de trouver pour que tout soit découvert. Et c'est d'ailleurs souvent l'image que l'on se fait des états de Conscience supérieure. On imagine qu'il est question d'un état statique, en soi, que l'on rejoint en grimpant dessus et en s'y installant confortablement. Il ne s'agit pas de cela. Pas ici en tout cas. Non, nous n'arriverons pas à cheminer dans la Vie par la recherche de la stabilité pour la stabilité. L'attention doit être utilisée d'une toute autre façon.

Pour parvenir à nos fins, nous devons absolument comprendre comment utiliser l'attention pour franchir les portes de la Vie, ce que d'autre appellent la Conscience ou la Lumière. Pour ne plus rester au bord du sentier de la Vie, l'attention doit être utilisée comme un pont. Un pont qui relie deux rives. L'attention a le pouvoir de relier deux objets dans le même espace-temps. En formant ce pont, grâce à l'attention, c'est le 3 qui se forme: les deux rives et le pont. Et l'ensemble devient, en lui-même, Mouvement. Car rappelez-vous la valeur intrinsèque du 3 mis en exergue dans la tradition ésotérique asiatique. Un symbole, par excellence, « du rapport dans le rapport ». Le Mouvement lui-même.

Et c'est là toute la subtilité de l'exercice : on ne cherche pas à atteindre ou à observer le Mouvement comme on le ferait en s'approchant d'un objet extérieur. On tente plutôt d'y participer, directement, par la création du pont. C'est l'action du pont, en lui-même, qui importe et non les rives en elles-mêmes. En clair, c'est l'œuvre de l'attention qui, en s'appuyant sur deux supports, invoque la présence du Mouvement de l'Infini. Ce travail de l'attention est donc, par essence, dynamique dans ses moyens et dans son but. Il n'y a pas la recherche d'un palier à atteindre. Comme un certain niveau dans lequel on pourrait stationner. Il faut vraiment intégrer le fait que l'accès aux portes de la Vie ne peut être qu'un processus toujours en marche. Et que, dès que les choses se figent, c'est la mort de ce processus et la fermeture des portes. Certes, quand le pont est effectif, progressivement des paliers seront franchis. Certes, des pensées, des émotions, des sensations (ou leur absence) pourront être observées dans le champ de la conscience. Mais cela se fera dans la dynamique, c'est-à-dire sans le but en soi de le faire. Un peu comme, quand on veut observer une étoile peu scintillante dans la nuit céleste. On doit, pour ce faire, regarder à côté de l'objet recherché pour pouvoir l'observer du « coin de l'œil » .

Cette dynamique de l'attention s'opère concrètement par l'observation de deux objets distincts. Le regard intérieur doit se poser tranquillement sur deux réalités subjectives, en même temps, et s'y maintenir. Ces réalités subjectives peuvent être, en vérité, de n'importe quelle nature (son, image, sensation, goût, odeur, pensée, intention, émotion, vide). Et, s'il peut s'agir de n'importe quel objet commun du monde phénoménal (arbre, bougie, photo, …), il est préférable dans un premier temps de choisir, au moins, un objet lié au corps. Et si possible, toujours dans un souci d'efficience, de choisir, au moins, un des deux objets lié aux sens de la sensation physique ou du son. La pensée et le sentiment sont trop mouvants, au début du cheminement, pour pouvoir servir de support stable. Il peut donc s'agir, par exemple, d'une combinaison de la sensation globale du corps, de celle du mouvement abdominal de la respiration, de la sensation du souffle au sortir des narines, du son primordial Om à l'intérieur de la tète, de la sensation des pieds ou de la sensation de l'assise… Une fois que l'attention englobe dans un même champ de conscience les deux objets, tout en les expérimentant chacun individuellement, alors l'exercice consiste à préserver et approfondir le Pont. C'est-à-dire, stabiliser et affiner la force de l'attention sur ces deux objets en continu dans l'espace-temps.

Une des caractéristiques de ce pont, du fait de son lien intrinsèque avec le Mouvement, est l'équilibre dans le déséquilibre. Ainsi le déséquilibre correspond à l'action même de l'attention, qui ne peut être que fluctuante, voire vacillante au début du cheminement. Ce déséquilibre est comme une constituante de cet exercice, du fait de la nature même du Mouvement. Alors mille fois sur le métier, reprends ton ouvrage. L'équilibre, quant à lui, correspond au fait qu'avec le temps, l'exercice dans sa globalité, trouve un équilibre stable ; une sensation et un sentiment très particuliers émergent progressivement malgré les oscillations inéluctables de la force de l'attention sur les deux objets, dans le même espace temps. Une assise intérieure se met en place, ouvrant la voie à un ensemble de processus d'ouvertures et de transformations. Ce qui signifie que, neurologiquement, de nouveaux circuits se façonnent et se renforcent, créant une nouvelle réalité neurologique : le Mouvement participe alors au cheminement de la transmutation intérieure dans la matière même.

Il faut bien comprendre que le but de cet exercice avec attention n'est pas de maîtriser ou contrôler le Mouvement. C'est plutôt d'en faire apparaître la présence, par l'œuvre du pont de l'attention, pour qu'elle interagisse avec notre matière, notre corps et notre psychisme. C'est cette interaction qui est la Conscience, la Claire Lumière.

Il est important de comprendre que la notion de Mouvement, puis celle de Conscience générée par le pont de l'attention, sont véritablement impossibles à complètement saisir mentalement. Car, par essence, il s'agit non pas d'une notion, mais de quelque chose de vivant. De plus, vivant sur plusieurs plans, qu'on ne saurait figer conceptuellement sans la tuer. Alors, ne cherchez surtout pas à en saisir tous les contours ou articulations. Acceptez simplement, après avoir profondément réfléchi ou mûri sur le sujet, d'en avoir une impression générale, un goût. Puis tentez et retentez l'expérience du pont de l'attention, jusqu'à ce que quelque chose se passe. Et c'est dans l'expérimentation qu'à un moment vous saisirez vraiment le fil directeur de ce chemin. Fil, que vous aurez probablement l'impression de perdre quelque temps après le sortir de cette expérience. Car, de par la nature de ce que l'on recherche, rien ne saurait être figé dans la mémoire de notre intellect, si ce n'est « le doigt qui pointe la lune » . Cette lune ne peut être contemplée, à nouveau, que quand vous rouvrez les yeux de l'intérieur. C'est-à-dire dans l'instant présent de l'expérimentation de l'œuvre de l'attention.

VI

L'OUVERTURE A L'INCONNU

Nous venons de voir que le Travail avec le Mouvement de l'Essence en soi, grâce à l'attention, permettait d'accéder aux portes de la Vie : à la Conscience, à la Claire Lumière. Nous avons vu, que ce cheminement avec le Mouvement impliquait l'équilibre dans le déséquilibre. Qu'il était une dynamique en constante adaptation, car vivante. Ors, cette dynamique nous invite, de par sa nature même, à nous ouvrir à l'inconnu. Cet inconnu est une notion fondamentale à appréhender pour pouvoir pénétrer, avec le tout de soi-même, dans le processus d'accomplissement du Pont. Pour oser véritablement poser pleinement les deux pieds dans la pratique de l'attention-Mouvement.

Les deux rives du Pont sont des rives mouvantes. Elles sont les deux supports sur lesquels l'attention s'appuie. Que l'on ait choisi comme points d'appuis le corps, la respiration abdominale, le souffle sortant du nez, les pieds, les pensées, un sentiment de sérénité, l'interface conscient/inconscient, une bougie devant nous, un Tangkha ou un mantra. Tout cela évolue dans le temps, change. Ou, pour être plus exact, même si ces objets devaient rester identiques à eux-mêmes dans le temps (ce qui peut être le cas de pieds immobiles mais pas d'une respiration en va-et-vient), notre perception de ces objets change. Ces changements dans notre perception sont fonction du degré d'intensité et d'accueil de notre attention, mais pas seulement. Intervient également l'orientation inconsciente et consciente de notre esprit qui fait se dégager telle qualité ou structure plutôt qu'une autre, dans chaque sensation : le chaud, le froid, le lourd, le léger, le dense, l'aérien, les picotements, le mouvement, le statique, la forme, l'emplacement, la vibration... Tous ces changements, qui s'opèrent dans la perception des objets sur lesquels l'attention s'appuie imposent en premier lieu que nous acceptions la discontinuité et les transmutations dans notre tentative de continuité intérieure : c'est cela l'équilibre dans le déséquilibre. Et ça nous amène tout naturellement à la notion d'inconnu. Dans ces efforts d'attention-Mouvement, nous devons accepter l'inconnu, car toute rigidité mentale ou recherche du répétitif et du déjà connu est forcément contraire à la fois au moyen et au but. Ce qui surgit dans notre champ de conscience, grâce à l'œuvre de l'attention, ne peut jamais être identique à ce que nous avons expérimenté dans le passé, ne fusse que quelques minutes. Aussi, ne pas accepter l'inconnu, c'est résister au courant même de la Vie, et s'épuiser. Plus le travail de l'attention et du Mouvement s'approfondit et s'enracine, plus il devient évident que cette donnée de l'inconnu doit progressivement devenir une pièce centrale de notre pratique. Ainsi, après l'acceptation de l'inconnu, vient l'ouverture généreuse à l'inconnu.

Neurologiquement, l'inconnu représente une difficulté à laquelle il faut s'adapter. Mais il représente aussi la possibilité d'apprendre de nouvelles choses et donc de se vivifier. L'inconnu est un déséquilibre, ou rupture informationnelle, vécu par l'état neurologique de base (automatique) comme désagréable, voire dangereux. Cela signifie que, naturellement, nous n'opterons pas, ni même parfois ne verrons ou n'accepterons, l'inconnu. Aussi, pour pouvoir s'ouvrir à l'inconnu, nous devons nous appuyer sur le travail de l'attention-Mouvement. Pour déprogrammer en nous, dans une certaine mesure, les peurs de l'inconnu, le travail de l'attention-Mouvement est essentiel. Car il permet, tout en faisant face à un événement inconnu ou changeant, de le voir sans se focaliser dessus. Autrement dit, sans se perdre dans la confrontation avec cet élément inconnu. En effet, le travail du Pont permet de rester stable, dans le mouvement même des changements perceptifs ou mentaux. Ainsi l'inconnu ne nous remet plus en question, ni notre capacité à faire face. L'inconnu devient un simple support du travail de l'attention-Mouvement. Aussi nous assimilons l'irréductible réalité du changement de toute chose, et de notre impossible fuite face à l'inconnu. Puis nous expérimentons progressivement le fait que l'inconnu, émanant du Mouvement, s'intègre parfaitement dans le travail de l'attention-Mouvement. Et qu'il en est, en fait, un élément vivificateur. Nous comprenons que l'inconnu fait, depuis le début, partie des éléments constitutifs du Mouvement et donc de la Vie. Nous prenons alors plaisir à participer, depuis notre nouvel équilibre intérieur, à la danse du monde phénoménal. Mais, sans nous y attacher ou tenter de le saisir par une compréhension « fermée » ou trop rationnelle. Car sinon, nous basculons du 3 stable (le pont) au 2 (moi et l'autre) confrontatif et identifiant qui génère colère, peur, désir de possession ou de fuite... C'est un peu comme faire du vélo. Nous ne sommes vraiment en équilibre et à l'aise sur le vélo que quand nous avançons, quand nous roulons. Dès que l'on s'arrête, notre état est instable. L'inconnu est tout simplement la réalité sur laquelle l'œuvre de l'attention-Mouvement s'établit. Et ce faisant, notre Chemin s'éclaire, la Vie s'ouvre et notre vie s'allège.

Si les portes de la Vie s'entrouvrent à nous, grâce au travail de l'attention-Mouvement, et que nos efforts nous permettent enfin de cheminer sur le sentier de la transformation intérieure, nous devons réaliser, progressivement, que ce sentier est lui-même l'Inconnu. Certes d'abord avec un petit i, puis ensuite avec un grand I.

L'Inconnu

Le chemin spirituel, à ce stade, c'est l'ouverture à ce qui nous dépasse. En tout cas, à ce qui dépasse notre façon de nous percevoir et de comprendre les choses du monde. Si l'on cherche quelque chose que l'on croit connaître ou savoir, il est très probable qu'on le trouvera. Mais, en quoi cela nous aura il fait avancer, si ce n'est dans le fait de nous rassurer et de nous apaiser ? Même les scientifiques savent cela. Les chercheurs ne trouvent jamais ce qu'ils recherchent. Ils savent que, s'ils partent au départ avec un champ d'exploration et d'expérimentation déterminé, ils doivent rester ouverts à l'inconnu pour pouvoir saisir la nouveauté à laquelle ils ne s'attendaient pas et qui deviendra leur invention. En fait, un surgissement de l'inconnu dans leur champ de recherche. Pour les chercheurs spirituels, c'est la même chose, s'ils veulent s'ouvrir à l'inconnu puis l'Inconnu. L'inconnu c'est la réalité des événements d'une vie et non seulement quelques éléments choisis de cette réalité. C'est accepter de voir tout ce qui se présente à soi. Et je ne parle pas de regarder toutes les chaînes de télévision ou toutes les annonces terribles de l'actualité quotidienne. Non, je parle des interactions vivantes avec le monde. Ne pas se contenter des idées toutes faites sur vos proches, voisins ou simples passants. C'est mettre en sourdine le passé, pour accueillir le présent. L'inconnu, ce n'est pas forcément l'événement fracassant qui bouleverse votre vie. C'est surtout tous ces petits « riens » que l'on ne veut pas voir et qui transforment le monde en « notre monde » d'évidences tranquilles. C'est recueillir les choses directement, et non les filtrer par le mental et ses visions normées et typées. Et ce, pour pouvoir accueillir ses propres réactions (pensée, émotion, pulsion) face aux rencontres simples (le voisin, la feuille d'un arbre, le bisou caché, la colère du taxi...). Parce qu'ainsi, nous acceptons le cahotement de la vie, et cela libère nos flux et reflux intérieurs et notamment celui psychique. Nous acceptons alors tout ce qu'il y a en nous : ce qui est beau, paisible et positif mais aussi ce qui est laid, hargneux et négatif. Pour que tout cela se libère véritablement et fasse place à l'acceptation totale de soi puis à la paix intérieure. Seule l'acceptation de l'inconnu permet cela. Mais pour y arriver, le meilleur outil est indéniablement l'œuvre de l'attention-Mouvement. Sans cela, il va s'agir de confrontation et de réaction. Il n'y aura pas de libération mais plutôt de violentes réactions qui nous submergeront et nous convaincrons de ne plus jamais nous ouvrir au monde, tant cela est douloureux. Car il est indéniable que s'il est agréable de circuler dans un train, il est pénible, dangereux et très aléatoire de vouloir y monter quand il est en marche. Aussi l'ouverture à l'inconnu doit-elle se pratiquer progressivement et avec une bonne préparation.

Le Mouvement de l'Infini

Le Vide Divin

L'exercice continu de l'attention-Mouvement avec l'inconnu va permettre de s'ouvrir au champ de l'Inconnu. Il s'agit, maintenant, d'avancer vers le sans forme, vers la pureté émanant du Monde Spirituel, le « Vide » de l'Extrême Orient. Cela commence par l'accès à un état intérieur de clarté mentale. Les flots intérieurs turbulents s'apaisent, et laissent place à un calme et limpide écoulement. Puis quand, avec le travail de l'attention-Mouvement, nous avançons dans la sérénité, peut se présenter un instant où le flux du mental vient à s'arrêter ou disparaître. A ce moment, apparaît à notre Vision intérieure un espace-temps très particulier. Un espace-temps qui semble sans espace circonscrit, un espace libéré de toute entrave, un temps qui semble arrêté ou pausé. Le tout, infusé par une lumière translucide. Et quand on vient à y pénétrer plus avant, on se sent libéré de tous ses fardeaux émotionnels et mentaux. Ce qui génère une puissante et profonde paix. Mais très vite, la Vision disparaît quand des pensées surgissent à nouveau dans le champ de la conscience. Cette vision intérieure surprenante est la pénétration dans l'Inconnu. Les débuts du cheminement dans le Monde Divin, dans l'Essence originelle et non duelle du monde.

Il est important de souligner ici, qu'il s'agit d'une Vision intérieure, qui peut nous plonger tout entier dans une expérience paradoxale voire divergente : cette vision sans forme, par son absence de repère spatiaux, par son étrange chronologie « hors de notre temps habituel », par son absence d'objet à analyser et par son silence « musical » (musical car il est comme un silence entre deux notes de musique) peut, si l'expérience perdure, nous troubler, voire nous gêner. Cela est normal. Déjà, au début de notre cheminement, l'inconnu produisait sur nous un tel effet. Alors pour l'Inconnu, il est logique qu'il en soit de nouveau ainsi. Ce point est très important à admettre, car il ne faut pas nier cette gêne si elle apparaît. D'abord la voir, puis l'accepter. Et seulement ensuite, s'offre la possibilité de la comprendre pour la dépasser. Oui, car derrière, ou au-delà de cette gêne, se trouve un trésor inestimable. C'est un peu comme si on trouvait, après l'avoir longtemps cherché, une immense caverne souterraine remplie d'une montagne de diamants, d'émeraudes et de magnifiques objets en or pur. Le tout, éclairé par une immense ouverture béante au plafond, donnant sur le zénith d'un soleil sans nuage. Nous nous trouverions aveuglé par l'intense lumière reflétée par tous ces trésors, d'autant plus que nous aurions évolué dans des souterrains sombres. Ces éclats, si soudains, nous blesseraient les yeux, créant une profonde gêne physique. Mais, dans ce cas, nous saurions qu'il n'y a qu'à attendre suffisamment longtemps pour que nos yeux s'habituent à toute cette lumière, pour pouvoir ensuite les ravir du spectacle de tant de beauté. C'est la même chose pour ce Vide Divin ou Originel. Il nous faut garder en tête qu'au-delà de l'opposition, neurologiquement et psychologiquement naturelle, à cet immense inconnu qu'est l'Inconnu, se trouve le Grand Éveil. L'accomplissement de notre destinée et la rencontre avec le ça, la Réalité, le Monde Divin.

Dans cet espace-temps de Clarté ou de Vide Originel, nous pouvons être happés par différentes expériences d'instase ou d'extase, tant la force, le mystère et la grâce habitent ce « non-lieu ». Cette ouverture à cette Vision de la Vacuité, aussi brève soit elle, s'accompagne souvent d'une puissante libération d'énergie profonde, comme la Kundalini ou la Shakti. Des énergies presque toujours, provoquées par des expériences spirituelles. Expériences qui, elles-mêmes, ont une fonction de nettoyage et d'ouverture du corps, en vu d'une préparation à d'autres avancées spirituelles. Il est important d'appréhender, combien ces énergies-là sont puissantes et peuvent littéralement secouer le corps, dans tous les sens du terme. Lui faire faire des mouvements ou postures étranges, lui faire sentir des sensations stupéfiantes ou ressentir des émotions merveilleuses. Tout cela est indéniable, et peut, selon chacun, s'exprimer a minima ou au contraire généreusement. Pour même s'étendre sur de longues périodes, voire années.

Mais il faut bien comprendre qu'il est très dangereux de s'identifier à ces forces spirituelles. Car, livrées seules à elles-mêmes, ces forces peuvent, emportées par leur incroyable puissance, causer beaucoup de désagréments inutiles, d'illusions pernicieuses voire de dégâts sur le corps énergétique. Malheureusement, leur pouvoir attise la convoitise et la curiosité dans l'esprit de l'homme qui les expérimente. Celui-ci en oublie alors le reste, c'est-à-dire l'essentiel. Et il se met à les rechercher de façon plus ou moins consciente (ou plutôt inconsciente). Il ne réalise pas alors, que ces forces sont comme des outils dangereusement tranchants nécessitant la Présence du Maître d'œuvre. Et oui, il est primordial de rester connecté à la Vacuité, le Maître d'Œuvre. Sa Vision en notre esprit est l'assurance que nos désirs, intentions, rêves ne s'immiscent pas, ou presque pas, dans le processus d'apparition ou de développement de ces forces. Et que par la Vision de la Vacuité, la « main divine » opère au-delà de notre volonté mais dans son Intelligence, pour nous « Travailler ». Ainsi, ancré dans notre travail de l'attention-Mouvement, ouvert à la Vision de la Vacuité, nous pouvons laisser agir, si elles le jugent nécessaire, les forces énergétiques mystérieuses qui sommeillent au plus profond de notre corps et dont font partie, mais pas seulement, la Kundalini et la Shakti. Les rechercher en tant que telles, serait contre-productif, spirituellement parlant, voire dangereux pour la santé.

De même, leurs manifestations ne témoignent en rien, ni d'une réelle Vision de la Vacuité, ni de sa profondeur. De plus, trop chercher à analyser bloque le processus. Car l'Intelligence Divine ne saurait être appréhendée intellectuellement.

Après avoir suffisamment pratiqué le Vide Originel dans le cadre de la méditation, notre chemin intérieur nous amène à expérimenter de vivre dans les deux mondes à la fois. Le monde des formes et celui de la Vacuité. La méditation envahit progressivement tous les recoins de notre vie. C'est comme si ces deux mondes se superposaient, coexistaient dans notre ressenti. Notre monde prend alors au quotidien une saveur toute différente. Car, quoi que nous fassions, cet aspect du Réel, du monde Divin ou du monde de l'Essence originelle non duelle nous accompagne dans notre Vision. Notre monde habituel, empreint de sensations physiques, perd alors de sa prégnance. Nous nous sentons plus libres de nos pensées et émotions, et celles-ci diminuent en intensité. De plus, nous sentons que nous ne sommes plus seuls intérieurement ; quelque-chose, au-delà de la forme, nous accompagne.

Le Grand Éveil

La pratique intense de la Vision de la Vacuité conduit au Grand Éveil. Il s'agit alors d'une plongée totale dans l'Inconnu, le sans forme. Une telle expérience produit toujours une surprise stupéfiante, tant la nouveauté est extrême. Elle est donnée à vivre, le plus souvent, après plusieurs années de pratique de la Vision de la Vacuité. C'est un moment crucial de la vie du chercheur car, avec cette plongée totale dans l'Inconnu, il aborde, sans d'ailleurs le réaliser, la question même de la source de toute chose. La question de la vie et de la mort.

Alors que le chercheur médite assis chez lui, ou debout à l'extérieur, se produit l'inexplicable. Il est absorbé tout entier dans sa Vision intérieure. Tous les objets extérieurs disparaissent. Ses sens eux-mêmes disparaissent. Il ne voit plus, ne sent plus les odeurs, ne ressent plus ni son corps ni les objets qui l'entourent. Aussi incroyable que cela soit, tout, absolument tout disparaît. Le « chercheur », ou en tout cas l'aspect en lui qui peut passer la porte de l'éternité, se trouve plongé dans un espace-temps très étrange. Un espace infini, sans haut, ni bas, ni gauche, ni droite. Sans aucune forme. Un espace noir mais paradoxalement infusé d'une lumière « invisible ». Tandis qu'il ne sait même pas qu'autour de son corps se trouvent des objets, il est totalement pure Conscience. Et son mental est comme évanoui. Il n'y a plus une seule pensée. Une sorte de silence règne, si ce n'est un son unique, lointain et très fin. Cette Conscience est l'Infini. Le « chercheur », ou ce qui en reste d'essentiel, est Cela. Il éprouve une profonde sérénité mêlée d'étonnement ou de stupéfaction tant l'expérience est véritablement violente. Arraché à ses sens, à son mental, à son corps, à tous ses repères spatiaux, le « chercheur » peut prendre peur, tant tout cela est titanesque. A ce moment là, tout ce qu'il vit est, au moins, aussi réel et vrai que la table où était sa tasse de thé qu'il buvait quelques minutes auparavant assis sur sa chaise. Oui, pour lui, à ce moment-là, ce n'est pas une Vision ou une expérience, c'est réel. C'est sa vie. C'est même toute sa vie. Tout le reste, ou presque, a disparu…

Cette « expérience » du Grand Inconnu est complètement « bluffante ». La description ci-avant ne saurait traduire le choc sidérant d'une première projection dans le Monde Divin ou monde de l'Essence Originelle non duelle. Certes les premiers instants sont souvent grandioses et exaltants, mais si cette pure expérience perdure plusieurs heures voire jours, alors la crainte apparaît. Le contrecoup neurologique est violent. Car tous les repères ont bel et bien disparu et le système neurologique n'y etait pas du tout préparé. Sans parler de toute l'énergie Divine qui se déverse en lui. Peu de « chercheurs » souhaitent continuer trop longtemps cette expérience, sans même parler d'aller plus loin.

Pour témoigner en écho de cette description antinaturelle, l'expérience de Saint Jean de la Croix est idéale. Et plus particulièrement sa « nuit obscure », que la plupart de ses traducteurs ou commentateurs n'ont pas vraiment comprise. Ce saint a vécu l'expérience de ce Grand Éveil. Et, ce qui est intéressant, c'est que rien dans sa Tradition (la chrétienneté) ne l'y préparait. Aussi son témoignage, du moins la partie poétique, est il « candide ». C'est-à-dire qu'il ne rentre pas dans un certain canon de dogme, fut-il mystique. Il apporte une fraîcheur que l'on ne retrouve pas forcement dans les témoignages, plus nombreux, de maîtres Bouddhistes ou Hindouistes sur ce sujet. Saint Jean de la Croix décrit ce qu'il a vécu comme une nuit des sens et une nuit de l'esprit. « Par une nuit profonde, Étant pleine d'angoisse et enflammée d'amour, Oh ! L'heureux sort ! Je sorti sans être vue, tandis que ma demeure était déjà en paix ». Il parle bien d'amour enflammé et d'angoisse pour cette nuit obscure ou ce que nous appelons ici Vide Divin. Ces émotions sont paradoxales quand vécues ensemble, mais sont la signature de cette expérience divine. Il continue ailleurs, « l'âme donc, en proie à l'indigence, au délaissement, à la privation de toute connaissance, se plaint de l'obscurité de son entendement, de l'angoisse de sa volonté, de l'affliction de sa mémoire: elle se déclare plongée dans les ténèbres de la pure foi qui est une nuit pour les puissances naturelles ». Cela est une pure description d'une plongée totale dans l'expérience du Grand Inconnu, le Grand Éveil. En tout cas pour l'aspect psychique face à cette découverte saisissante et brutale d'un total inattendu aussi déconcertant. Mais il y a aussi, en même temps, l'autre aspect : le merveilleux. Selon Saint Jean de la Croix, l'âme, dans les ténèbres et les angoisses, avance avec sûreté car l'état de contemplation « n'est autre qu'une infusion secrète, pacifique et amoureuse de Dieu en elle ». Ici nous voyons combien est difficile et en même temps délicieux ce que Saint Jean de la Croix appelle « union d'amour avec Dieu » et nous Grand Éveil.

Pour la plupart des « chercheurs », déjà très

avancés sur le chemin, qui la vivent, cette expérience est très difficile à accepter complètement. Cependant, si « le chercheur » a été préparé à cette plongée dans le Grand Inconnu et qu'il souhaite aller de l'avant, il peut continuer. Alors, il peut vivre, en plus d'être la Conscience de Cela, l'expérience d'être aussi l'Être de Cela. A ce moment, il est partout à la fois dans cet Infini. Cette expérience est inexplicable car tellement paradoxale. Il est en chaque point de cet espace infini. Mais il l'Est réellement et en même temps. Une totale ubiquité. Il est Etreté-Conscience de Cela. A ce niveau-là, il ressent un sentiment difficilement descriptible autrement que par paix de toute éternité.

Quand l'expérience cesse et que le chercheur retrouve ses sens, sa vue, il se trouve pris entre deux mondes. Car la Vision de ce qu'il a vécu, certes bien moins puissante maintenant mais toujours vivante, est très présente. Autant que les objets qu'il peut à nouveau toucher et voir. Il se pose alors naturellement la question de ce qui est le plus vrai, le plus réel. Car en lui ces deux mondes coexistent complètement. Il voit tout ce qui l'entoure à la fois composé d'objets et en même temps rempli de cet « Espace Divin infini et sans forme». Il n'est plus simplement avec la sensation de vivre dans deux mondes, il est vraiment dans deux mondes. Car il les voit et les ressent tous deux à la fois dans tout ce qu'il fait. Dorénavant il est comme nimbé d'un étrange voile qui témoigne d'une Présence, qui est alors autant extérieure qu'intérieure. Une Présence d'ordre Divine.

Le Mouvement de l'Infini

VII

L'INFINI ET L'UN

Après avoir reçu une si bouleversante expérience, l'homme va progressivement l'intégrer à son quotidien, par la répétition. Il va devoir graduellement absorber les différentes conséquences et leurs corollaires, sur sa psyché, d'une telle merveilleuse déflagration. Ce processus peut être très long, car beaucoup de paradoxes doivent être assimilés par son être tout entier. Nombre de questions étriques doivent pouvoir émerger, puis s'apaiser, pour que l'assise psychique de l'homme retrouve son quiet équilibre quotidien.

Puis l'homme, s'il souhaite aller encore plus loin, va faire face à la question de l'obéissance. Il va sentir une Force très fine, émanant de l'Infini, lui proposer des choix de vie. Cette Force peut prendre plusieurs formes : rêve éveillé, intuition, dialogue, vision, ou même action de son corps-énergie au-delà de son intention… C'est à lui seul que revient le choix d'obéir ou de discuter. S'il obéit, l'homme va vite se rendre compte combien il doit se donner entièrement pour que Sa volonté soit faite et non la sienne. Et cette volonté Divine (ou du Non duel Originel) va progressivement s'emparer de toute sa vie, de tout son quotidien. Il devra abandonner progressivement ses désirs et même sa façon de penser habituelle. Ainsi que celle de considérer les gens et les choses.

Mais pour être prêt à une telle expérience, il faut accepter de se donner entièrement. Sans aucun regret. Etre prêt à abandonner son ancienne vie, ses chères habitudes, même si ces dernières lui semblent justes et dignes. Car Sa volonté peut nous amener très loin dans l'inacceptable. Inacceptable pour le mental qui a cloisonné le monde dans ses propres notions arbitraires de bien et de juste. Pour y arriver, l'homme doit avoir suffisamment vécu et souffert. Il doit s'être longtemps confronté à ses désirs. Avoir exploré ceux qui sont les plus pugnaces en lui. Il doit s'être confronté à la matière et avoir réalisé avec succès nombre d'œuvres (scientifique, relationnelle, humaine, manuelle, ou artistique...). Il doit aussi, par ailleurs, avoir rencontré suffisamment d'échecs et de souffrances, pour intégrer dans sa chair, la vacuité du monde phénoménal. Il doit avoir, en fait, suffisamment érodé ses désirs et ses rêves sans pourtant avoir ni regret, ni nostalgie ni pessimisme. C'est-à-dire que cet homme doit être un « vieux sage », plein de force mais sans attache intérieure. Alors, La volonté de L'Infini pourra vraiment le guider et le transformer plus avant.

A ce stade, c'est l'obéissance, dans toute sa noblesse, qui va permettre de travailler l'Être de l'homme ainsi engagé. Il s'agit de transmuter ses désirs cachés et tous les nœuds psychiques inconscients qui sommeillent plus ou moins en lui. C'est par l'obéissance à Sa volonté qu'il peut lutter contre la sienne. Qu'il va être confronté par ses choix, dans la vie, aux remontées émotionnelles de peur, de colère... mais aussi aux propres structures mentales (ou idéiques) qui constituent son psychisme, aussi purifié qu'il lui semble être à ce point du cheminement. Tant que l'homme n'est pas confronté par des choix de vie réels, volontaires et engageants qui s'opposent à sa volonté, il ne pourra ni voir ni comprendre ce qui encore entache son Être de subjectivité. Pourtant, l'homme ne doit jamais perdre ni sa sensibilité, ni sa capacité à laisser se mouvoir en lui les émotions. Cette œuvre est un long affûtage qui ne saurait être forgé par une décision du mental. Cela créerait trop de tensions internes. L'inconscient n'accepterait pas cette situation. Non, ce travail d'obéissance ne peut opérer que si l'homme y consent entièrement. De toutes ses parties. Sinon d'ailleurs, La volonté de l'Essence Originelle non duelle ne pourrait même pas parvenir à sa conscience, tant l'union intérieure est de rigueur.

Mais obéir implique une confiance absolue, et notamment sur l'origine de ces propositions. Et tout chercheur avancé sait combien son esprit, son inconscient mais aussi les « anges », « archanges » et autres créatures subtiles cherchent à l'influencer, à le conseiller, à l'utiliser. Pour qu'un homme puisse vraiment identifier La voix de Son Maître, il lui faut avoir expérimenté le Grand Éveil. Car, à ce moment-là, nul doute ne peut exister en lui sur l'authenticité de Sa Volonté. Car il porte en lui la Vision du sans forme, du Monde Divin, là où nul autre que le Divin ne peut exister. Mais avant cette étape majeure, l'homme qui obéit à des conseils ou injonctions intérieures (voix, vision, rêve...) fait un véritable pari. Car, encore une fois, l'homme dans la complexité de sa psyché, de ses énergies et de son Esprit est connecté à beaucoup d'influences qu'il ne saurait imaginer et encore moins percevoir. Aussi, il est impossible à cet homme de savoir où va véritablement, à moyen et long termes, le conduire d'obéir à ces conseils « supérieurs ». Bien que, presque toujours, l'homme soit convaincu de leur pertinence du simple fait que ceux-ci résonnent en son fort intérieur. Malgré cela, je dirais que toute vie est remplie de tellement de risque de perdition, dont le plus grand est de ne rien faire de soi-même, que prendre un pari ne me semble pas complètement déraisonnable. Cependant cet homme doit bien comprendre que c'est bien le cas. Et qu'il doit surtout en évaluer régulièrement, le plus objectivement possible, les résultats. Car il est indéniable que, souvent, nous demandons de l'aide et que parfois une réponse nous est donnée. Le monde est vaste et les voies et voix que l'Infini dispense sont tout aussi vastes dans leur différence. Vouloir édicter des règles rigides de bonnes conduites spirituelles ne saurait avoir de sens sauf si elles sont données directement d'un enseignant à un élève.

Le non-duel

Après un certain temps de pratique, et si l'homme s'est totalement donné, peut survenir son Union avec le Un. Les deux mondes, naturel et de l'Infini, que le chercheur avancé vivait au quotidien comme unis mais distincts, finissent par ne faire plus qu'un. Il s'agit alors d'une importante transformation de sa relation aux phénomènes, aux autres, à la vie. L'intérieur et l'extérieur, la dichotomie sujet-objet et le monde matériel et spirituel, tout cela semble Un. Sa volonté personnelle s'est éclipsée pour laisser place à Sa volonté, celle de l'Essence Originelle non-duelle. Il ressent profondément la Présence Divine comme si elle devenait lui, et lui, Elle. Il est en paix et émane de lui un amour simple, continu et non discriminatoire. Avant, il éprouvait la sensation d'être uni à l'infini dans sa Vision, sa Conscience ou son Être. Maintenant il l'éprouve dans sa propre chair. Son propre corps est ressenti comme empli du monde Divin, et non plus comme matière.

La réalité naturelle de la « dualité » disparaît. Pourtant la discrimination persiste : un étrange paradoxe qui, pour le chercheur, n'en est pas un. C'est-à-dire qu'il voit bien que les objets sont extérieurs à son corps, ou que telle personne agit avec brutalité ou que telle autre est en train de mentir. Mais sa conscience ne perçoit pour ainsi dire qu'Unité. Il accepte toutes ces choses phénoménales comme allant de soi, comme si sa Conscience englobait tous ces objets et les considérait comme de simples manifestations du Tout. Il ne peut pas dire qu'il est ces objets, mais plutôt qu'il pénètre en essence et en matière tous ces objets. La sensation d'intérieur et d'extérieur ayant disparu, ces différents objets semblent imprégnés de lui-même sans que lui-même ne soit vraiment quelque part, si ce n'est en Dieu. C'est un peu comme un rêve éveillé. On sait que le rêve est issu de nous et on ressent bien que c'est une création de nous-mêmes nous appartenant. Mais en même temps, les différents objets sont bien distincts et précis et interagissent avec nous, créant des émotions et des situations inattendues. Dans les faits, c'est comme si tout était lié non par une vision ou une considération intellectuelle ou mentale mais unis par un Principe, manifeste pour le chercheur. Comme si nous étions, un peu, tous ces objets (que nous voyons, sentons, entendons, goûtons), sans pour autant y être attaché ou identifié. Dans les premiers temps de cette réalisation, cet état apparaît comme très étrange, incompréhensible et paradoxal. Quelque chose en nous, encore, s'oppose à cet état, qui reste à approfondir. Trop de changements se sont opérés trop vite. On a l'impression de perdre son pouvoir sur les choses : son pouvoir d'analyse et de compréhension des processus inhérents aux êtres, son pouvoir d'action et de décision. Et même de perdre ses désirs. Cela fait beaucoup. Quand tout bascule dans le Un, tout change. Tous les repères, toutes les sensations. D'une certaine façon, nous disparaissons pour laisser la place au Tout. Nous sommes alors dans l'acceptation de tout, serein et aimant. Voyant les différences, mais ne pouvant juger tant elles sont imprégnées ou immanentes de notre Conscience-Etreté. Ceci paraît être un véritable paradoxe, comme de considérer finalement la matière comme spirituelle. Mais la logique humaine disparaît de cet état pour laisser la place à une autre Intelligence. Et nous agissons non plus seulement en accord avec l'Infini mais c'est Lui qui nous agit. Car on le sent à nos côtés et en même temps nous nous sentons en Lui. Moi-Lui. C'est là encore un vrai paradoxe pour la logique humaine. Mais dans cet état, cela est une évidence « naturelle » que l'on ne questionne pas. Comme un fait allant de soi, car le mental est complètement masqué par la Présence de cet état de Moi-Lui.

Quand le mental refait surface, l'on reconsidère à nouveau les choses. Des questions apparaissent, qui n'avaient pas lieu d'être dans l'état de Moi-Lui. Alors, on réalise la « folie » de ces expériences de Moi-Lui. Par exemple le fait d'appréhender la matière comme étant elle-même d'ordre Divin. Ce qui est, plus que surprenant d'un point de vue sensoriel, pragmatique et quotidien. Car c'est une chose d'accepter ou même de vivre l'aspect subtil émanant de la matière. De même que Voir l'aspect Divin, ou nature du Vide, qui en émane ou la pénètre. Certes, on peut considérer déjà cela comme une grande grâce. Mais, en allant jusqu'au bout de notre questionnement, quid de la matière en elle-même, en dehors de ses émanations énergétiques ou de ses liens avec l'Absolu ? Cette question n'est pas qu'un sophisme mais porte une véritable résonance pour celui qui a vécu la matière, elle-même, comme Divine (ou en tout cas une partie intégrante d'elle). Y-a-t-il un schisme entre les compréhensions d'une réalisation spirituelle profonde et la science ? La matière donc, on le sait, reste gouvernée et expliquée par ses propres lois. Et les scientifiques ne cessent de nous dire que la matière n'est pas transcendante et vont jusqu'à dire que l'esprit est issu d'une manifestation de la matière, en l'occurrence le neurone. Emmanuel Ransfort, un Physicien quantique, propose, dans un cadre totalement scientifique, une théorie qui met en brèche cette vision de la matière. Sa théorie expose la nécessaire, non pas acausalité, mais présence endogène du choix (libre arbitre) dans la constitution même des particules quantiques formant toute la matière. Il démontre que cette partie endogène du libre-arbitre est indispensable à la cohérence même du monde (sa théorie résout des paradoxes quantiques encore non résolus, notamment ceux lié à la dualité corpuscule/onde). Emmanuel Ransfort appelle cette partie psyché, nous préférons l'appeler volonté ou intention. Pour ainsi dire, Dieu apparaît dans l'équilibre même de l'existence des particules élémentaires de la matière. Mais ne cherchons pas à comprendre le Monde Divin, l'Infini, par la science. Le visible, même infiniment petit, ne saurait expliquer le sans-forme, le Grand Vide. Cependant nous voyons ici qu'il ne saurait y avoir incompatibilité relationnelle ou causale sur certains niveaux.

La Libération

L'état de Moi-Lui (union du moi réalisé spirituellement avec la Source, l'essence Originelle non duelle) nous libère de nos désirs et projets personnels. De leur poids et influences, conscients et inconscients. Presque tous nos désirs sont éclipsés ou brûlés par Sa Présence, à laquelle nous nous donnons totalement. Pourtant, certains de nos désirs ne sont pas complètement éteints par cette Réalisation, mais plutôt mis en mode veille. Et c'est Lui qui choisit de remettre sur « on » certains d'entre eux, s'il le juge nécessaire pour notre équilibre psycho-corporel d'être humain. Bien sûr, l'homme qui a atteint ce stade n'est pas parfait, et il peut arriver qu'un profond désir caché, et lié à sa structure psychique profonde, soit réveillé par des événements extérieurs. D'autant plus si, l'état de Moi-Lui n'est pas encore suffisamment ancré dans la continuité. Mais pour la plupart des désirs habituels, l'homme s'en trouve libéré. Et même si, au départ, cette situation lui semble étrange, du fait du vide laissé par la non-manifestation habituelle en lui des désirs, petits ou grands. Il est rapidement comblé par un doux et continu sentiment d'amour qui émane de lui.

Même sa libido, au sens Freudien de moteur profond de tous ses désirs, est comme mise de côté pour laisser la place à un autre type de dynamique, en lien avec la partie de son Être intimement liée à l'Infini. Cela implique que même la nature de son désir spirituel change : la part lié au désir de vaincre (de se vaincre ou de vaincre ses obstacles intérieurs.., on s'entend), de réussir (à mener à bien ses actions…), d'être reconnu (pour ses qualités…), est éclipsée. Seul semble rester un désir de continuer à se transmuer. Ce désir est, alors, très fort, bien que prenant psychiquement un aspect très doux. Non comme une aspiration à, mais plutôt comme une inspiration. Comme quelque chose venant en partie de plus loin.

L'homme, dans ce nouvel état de Moi-Lui, est aussi libéré de ses souffrances psychiques et partie de ses souffrances physiques. En ce qui concerne les anciens traumatismes ou nœuds psychiques, ils sont progressivement et en majeure partie tout simplement guéris ou comblés par le Feu et l'Amour Divins. Mais cela n'empêche pas l'homme Réalisé de ressentir les émotions de la vie. Bien qu'elles soient tempérées, de courte durée et sans véritable emprise sur lui. Pour ce qui est des souffrances psychiques comme les soucis, l'angoisse et la peur, elles sont quasiment éradiquées comme état, mais restent potentiellement actives dans une dynamique en mouvement qui fait, de leur possible présence, une simple visite passagère. Par contre, la douleur physique est éprouvée, et peut saturer, si elle est trop intense, le système neurologique puis la structure psychique humaine, causant des souffrances et perturbations irréfutables. Souffrances qui, si elles ne dépassent pas un certain seuil, peuvent rester au second plan, si l'état de Moi-lui est suffisamment ancré. Cependant, qu'il s'agisse de douleur physique intense ou d'affliction émotionnelle en lien avec des conditions extérieures exceptionnellement difficiles, le corps de celui qui a réalisé l'état de Moi-Lui n'en reste pas moins un corps d'homme. Un corps qui subit les avaries du temps et des épreuves et qui finira par se décomposer.

Le mental, lui aussi, est éclipsé dans l'état de Moi-Lui. Il n'y a plus, le plus souvent, de pensée, mais simplement cet état. La plupart du temps, les actes et les paroles sont le fruit d'une symbiose spontanée qui « émerge » dans l'instant présent. Pour être plus précis, il s'agit de Lui qui agit en Moi qui est Lui. Cela n'empêche pas parfois, l'homme de « penser », mais dans une forme très particulière. Il s'agit alors d'une sorte de « dialogue » entre une intention d'une nature plus psychique et des « pensées » d'une grande clarté et maturité ; comme si celles-ci n'avaient pas besoin de s'exprimer ou de se développer pour atteindre, comme avec le psychisme humain, une complexité et une efficacité optimales. Ces « pensées » sont « données » par l'état de Moi-Lui, car la plupart du temps c'est le silence qui règne, et l'homme agit naturellement mais baigné toujours dans la Conscience-Etreté de son état Moi-Lui.

L'approche consciente et inconsciente de la mort change fondamentalement pour l'homme Réalisé. Il ne la craint plus du tout. Il n'y voit pas une quelconque perte ou fin de quelque chose. Et cela pour la bonne raison, que pour recevoir l'état de Moi-Lui, il a déjà dû renoncer, ou du moins pleinement reconnaître comme secondaires, tous les aspects psycho-corporels de lui-même, non étroitement liés à Lui et Son Monde. Il sait que l'expérience de son état Moi-Lui changera à sa mort terrestre. Mais il a déjà éprouvé, dans des absorptions totales en Lui, ce qui adviendra. Il sait quels éléments en lui-même continueront le voyage. Cela peut paraître paradoxal de parler à la fois d'éléments différents constituants cet homme dans l'état de Moi-lui et de sa communion totale avec le Un ainsi que son expérience totale de « non dualité ». C'est encore un paradoxe lié à sa présente condition terrestre, qui pour lui n'en est pas un. Mais il reste incapable de l'expliquer car tout cela est uniquement compréhensible par l'état de Moi-Lui.

VIII

LA VIE DANS LA VIE

Revenir dans le monde, après une certaine absence liée à la « quête ». C'est la nécessité de revenir pour vivre auprès de ses frères et sœurs, pour éprouver Sa lumière en l'autre lumière. Regarder l'intérieur et l'extérieur se mêler dans la danse de la rencontre, et voir que la vie n'est plus que Vie.

Le monde occidental et ses obstacles

La vie moderne, et particulièrement la vie occidentale est structurée pour faire oublier à l'homme les choses essentielles de sa vie, celles de l'être. Tout a été pensé pour promouvoir en lui et autour de lui, l' « avoir » sous toutes ses formes, même les plus subtiles. Ce qui, au départ, semblait être un choix de civilisation, aboutit à une machine infernale qui s'emballe toute seule. Les hommes, sans s'en rendre compte, en cultivant leur soif d'avoir, sont devenus esclaves de ce mode de fonctionnement. Ils sont devenus prisonniers des outils qu'ils ont fabriqués et de leurs œuvres ; que ce soit le sexe, le spectacle, les stimulants, la nouveauté, le pouvoir et l'argent. Aujourd'hui, même ceux qui voient l'effet pernicieux de la machine sont bien en mal d'y échapper. Car, le monde occidental réalise progressivement, avec ses propres outils (sociologiques, environnementaux, économiques…) qu'il s'est fourvoyé. Il avait fait le pari, avec ce choix de civilisation, d' « humaniser » l'homme. Il pensait que l'acquisition de connaissances philosophiques, artistiques et scientifiques amèneraient l'homme vers un idéal de bonté, de partage, de générosité et d'ouverture... Il n'en est rien. Toute cette forme de culture ne transforme pas l'homme en quelque chose de meilleur. Non, car en vérité les dictateurs sanglants ont toujours été des êtres cultivés. Et les pays du nord ont toujours exploité honteusement les pays du sud, sans aucun respect et ce jusqu'à aujourd'hui. La violence des marchés et organisations internationaux est terrible, mais qu'importe si le vernis de surface des peuples qui en sont à l'origine est précieux et délicat. L'homme occidental n'a jamais été aussi obnubilé par lui-même, qu'il l'est aujourd'hui. Les nouvelles générations, quant à elles, sont littéralement noyées dans les déferlantes de l'« avoir », sous un masque de renouveau. Rien ne change, tout continue.

Nous avons pu voir, au début de ce livre, combien était important notre rapport à la vie, pour pouvoir nous ouvrir à ce qu'il y avait derrière les apparences. Non pas, pour acquérir ou gagner quelque chose, mais simplement pour se trouver soi-même. Se trouver en Vie dans la vie. Enlever le voile absurde qui couvre nos yeux. Les conditions de notre vie quotidienne sont le terreau de nos possibles. Elles conditionnent, dès la naissance, les graines en nous qui pourront grandir et celles qui resteront à l'état quiescent. Les graines de nos développements potentiels. Ces dons et qualités que nous avons reçus et qui attendent la terre propice à leur germination. Mais qu'arrive-t-il quand on passe à un mode de culture hors-sol ? Avec, pour seule nourriture, un cocktail d'engrais synthétiques et une lumière artificielle. Sans aucun contact avec les nutriments subtils essentiels aux graines un peu spéciales. Ces graines particulières qui auraient apporté au monde tant de Lumière, de Sagesse et d'Amour. C'est ce qui se passe maintenant, sous nos yeux embués. Notre monde conditionne ses nouveaux arrivants à une vie sans Vie.

Il suffit de regarder d'assez près pour voir que nous marchons sur la tête. Notre vie quotidienne est bétonnée d'obstacles à la réalisation de nos graines de lumière :

- L'agitation en opposition au Mouvement

De tous les obstacles, l'agitation en est certainement le principal. L'homme et la femme modernes ne le remarquent même plus, tant il fait partie de leur mode de vie. Ou alors, il faut que cette agitation soit vraiment exubérante. Oui, car l'agitation s'est insinuée dans tous les recoins du quotidien. Elle s'est rendue indispensable.

L'agitation est cette dynamique antinomique

du Mouvement de l'Essence en soi. Elle est la recherche compulsive du plus rapide, du plus intense, du plus d'info, du plus d'activité, du plus de divertissement, du plus de choix de bouffe, du plus de plus... Finalement tout ce qui est l'opposé du vrai Mouvement, qui n'est pas forcement lent mais surtout pas agité. L'agitation, c'est ce mensonge qui cache le manque de sens des actions des femmes et des hommes modernes. Mais si, à un moment donné, l'agitation a été un choix de vie pour masquer les manques ou par faiblesse, aujourd'hui il en est autrement. L'agitation est irréductiblement une drogue pour tous et toutes. Plus ou moins dure. Mais une authentique drogue qui empoisonne le système nerveux et pollue toute vision intérieure d'un épais brouillard aux couleurs bariolées criardes et à l'odeur artificielle entêtante.

Il est difficile, pour celui et celle qui vit dans le monde moderne, de prendre la juste mesure de cet aberrant constat. L'agitation est partout. Au cœur même de chacun, de chacune. L'agitation renverse toutes les valeurs humaines et spirituelles. L'agitation est le nouveau paradigme de la société moderne.

Celle-ci lui a voué un culte total. Plus rien ne saurait maintenant être fait sans elle. Car elle permet de marcher et conduire plus vite, de travailler plus vite, de penser à plus de choses en même temps, de manger plus vite, de voir plus de choses, de s'amuser plus, de moins ressentir les cahots du quotidien et de ne pas trop se préoccuper de l'Essentiel. L'agitation permet aussi de ne pas regarder ni écouter profondément ce qui nous entoure, de ne pas respirer pleinement, de ne pas s'ouvrir à la beauté intime de l'instant présent, de croire que quand l'on est moins agité, on est calme.

Le plus grave concerne les générations qui sont nées dans le paroxysme des 20 dernières années. Une période où l'agitation a explosé grâce à l'apport des nouvelles technologies. Le monde actuel est conçu pour droguer les jeunes générations à l'excitation, à la nouveauté. Leur cerveau est littéralement conditionné à ces stimulations neurologiques addictives. Ces stimuli peuvent prendre différentes formes, aux intensités et incidences variables, mais toujours délétères.

Avec l'hégémonie de toujours plus de

divertissements, d'images et d'informations, les adolescents et les jeunes adultes subissent une sorte de lavage de cerveau. En tout cas, c'est tout leur système neuro-psychique qui s'en trouve perturbé, réagencé. La force de ces stimulations, c'est de provoquer une impression de force, de savoir, de vie, alors qu'il s'agit essentiellement d'agitation intérieure. Du fait de ces mouvements torrentiels de pensées et d'émotions, l'être humain mélange tout en lui. Il n'y voit plus clair et devient persuadé que c'est cela vivre. Il oublie qu'un autre mode de vie existe, qu'un autre état intérieur est possible. Il ne voit pas qu'il ne fait que courir de stimulation en stimulation, d'acquisition d'info en acquisition. De plus, c'est la société qui l'a conditionné et continue à promouvoir ce comportement d'agitation intérieure. Ce qui rajoute, par le coté institutionnel, à l'aspect d'évidence, d'inéluctabilité et de « sérieux » de cette entreprise folle et destructrice.

Le plus fou, c'est que ces jeunes pensent vraiment être libres dans leur tête alors qu'ils sont esclaves de leurs pulsions et passions, comme jamais encore cela n'avait été le cas dans l'histoire de l'humanité. Ils ne peuvent plus se passer de l' « avoir » et craignent le moindre silence, l'ombre d'un ennui ou les prémices d'un vide. Toutes ces choses qui les confronteraient à leur être. Ils sont engagés dans une impossible et terrible quête du mouvement pour le mouvement. Et ce, particulièrement dans les grandes villes.

- L'image :

Elle est la pièce maîtresse du « système agitation ». C'est sur elle que repose l'essentiel des stimulations qui conditionnent la vie moderne. Il est évident qu'elle a pris une totale prépondérance dans le quotidien de l'homme et de la femme. Il s'agit d'un ensemble de processus distincts dans leurs effets et causes. Il y a d'abord l'effet hypnotique, bien connu des scientifiques, des écrans sur le cerveau. Avec plusieurs niveaux d'incidences et leurs multiples corollaires. C'est l'aspect purement technologique qui se substitue au réel. Puis il y a le processus narcissique autour de l'image en tant que telle. Et c'est là que l'on voit surgir l'importance primordiale du paraître. La

« vitale » nécessité d'entrer ou de rester dans les « codes » des différents courants de la société. L'obligation de l'utilisation maximale de la communication par l'image pour créer, nourrir et préserver son identité. Finalement, sans le réaliser, l'ensemble de la vie de l'individu est phagocytée par les apparences extérieures. Le monde intérieur est réduit à une peau de chagrin.

De par cette hégémonie de l'image conditionnée, l'homme et la femme ont perdu leur capacité à voir la réalité. Tout passe par un filtre superficiel : celui des écrans eux-mêmes qui, comble de la folie, informent sur ce que regarde dans la réalité l'individu qui par conséquent ne regarde pas la réalité mais l'écran. Et un filtre, par le conditionnement fiévreux des idées et images préconçues. L'être humain ne sait plus apprécier en soi ce qu'il voit. Il fonctionne en mode de reconnaissance automatique, utilitaire, guidé par les yeux d'un consumérisme plus ou moins bien déguisé.

- L'écoute et le bruit :

Le bruit est aussi une caractéristique

cruciale de notre monde moderne. Nous n'y prêtons d'ailleurs plus vraiment attention, sauf quand il devient trop agressif pour le corps. Mais nous ne réalisons pas à quel point il est constitutif de notre quotidien et participe à notre esclavage. Car nous sommes noyés dans le bruit assourdissant des réclames, infos, divertissements et communications privées ou professionnelles. Avec, en miroir, le bruit de nos sollicitations intérieures : nos émotions, pensées, désirs et pulsions. Nous sommes, de facto, incapables de véritablement écouter. Nous sommes tellement conditionnés par cette notion de liberté d'expression et d'image que le plus important semble être de s'exprimer le plus possible. D'avoir le plus d'opinions, d'avis sur tout et de le dire. De toujours commenter, de peur de ne plus être entendu ou lisible ou oublié. Tout le monde veut dire quelque chose, même si en vérité il n'a rien à dire. Mais c'est la seule façon d'exister. Dans ce capharnaüm, c'est celui qui fait le plus de bruit qui est entendu. Et donc, on ne se pose pas la question de l'intérêt de s'exprimer à tout prix, mais plutôt comment trouver un moyen original de le faire. Nous ne sommes plus habitués au silence. Il nous faut écouter quelque chose toujours et partout : le métro, la voiture, la rue, au repos, au repas, au coucher... Nous craignons le silence, de peur de s'entendre soi-même. On a besoin de combler chaque silence par une surenchère de bruits et de paroles, de peur de s'entendre. On ne sait plus écouter l'autre vraiment, car on ne sait plus faire silence en soi pour accueillir sa parole. Tout ce foisonnement hétéroclite de sons donne une impression de fluidité et de liberté du dialogue. Alors qu'il ne s'agit que d'un flot ininterrompu de mots sans poids, sans vécu et sans valeur étrique.

Commencer à avancer

Nous avons vu combien ce monde moderne prend finalement le contrepied d'une recherche spirituelle, d'une quête d'une sérénité enracinée ou d'un profond élan d'Être. Tout en prétendant au contraire y donner accès. Et cela n'est pas issu du choix d'une génération, mais plutôt la conjonction d'un essor technologique qui s'emballe et d'une orientation idéologique, philosophique de civilisation. Un vrai rouleau compresseur, auquel il nous faut impérativement résister pour pouvoir nous donner l'opportunité de nous désintoxiquer suffisamment pour pouvoir s'écouter intérieurement. S'écouter, sans craindre l'ennui et la sensation de vide, inévitable étape du sevrage. Il nous faut reprendre goût à une certaine solitude, dans un face à face avec la nature, pour pouvoir prendre plaisir à se faire face. Réapprendre ou apprendre à sentir la terre nous porter et le ciel nous embrasser. A voir les couleurs dans le noir, entendre le brin d'herbe pousser. Car c'est seulement ainsi qu'émergera la petite et faible voix de notre réelle aspiration à avancer sur la voie de la transmutation et du bonheur véritable. Celle qui est indépendante des conditions extérieures.

La société moderne nous fait marcher sur la tête. Elle kidnappe nos sens et ainsi nous rend esclaves de l'artificiel. Nous sommes des drogués du superficiel. La société nous fait œuvrer contre notre être profond.

Pour reprendre le chemin d'une vie empreinte de dignité envers notre être, il nous faut libérer nos sens du joug de la société. Pour cela il faut intérioriser nos sens. Comme avec un gant, les retourner. C'est la condition première, pour retrouver progressivement ses vrais pouvoirs d'être humain. Commençons par la sensation : revenons à la sensation. Délaissons un peu l'imaginaire et les pensées pour revenir habiter notre corps. Sentons notre corps lui-même dans ce qu'il a de plus simple, la sensation brute. Le poids de son bras, la chaleur de sa tète, le froid de son pied, l'oppression de sa poitrine... Reprendre le dialogue naturel avec notre plus proche ami, notre corps. Pas dans les mots, les images, les pulsions mais dans les sensations physiques simples. Et si possible des sensations intégrées à notre environnement, à l'instant présent. Pour que ces sensations soient des vagues qui nous transportent mais ne nous submergent pas. Que la sensation physique soit la racine de notre être au monde, qu'elle nous soutienne. Qu'elle nous rappelle que Je suis là, entier, et enraciné, même dans les tourbillons de l'agitation extérieure.

Et laissons notre voir se reposer dans le spectacle vivant de la nature. Sentir que nos yeux, en eux-mêmes, ont besoin de douceur. De la caresse du spectacle d'une feuille d'un arbre, de brins d'herbe dansant dans le vent, d'un feu crépitant dans la nuit. Renouer avec la nature essentielle qui sommeille en nous par la communication visuelle passive avec les éléments du végétal et du minéral dans leur contexte. Pour que notre Être se dilate et s'ouvre à la Beauté des petits « riens » de la vie. Le sourire d'un enfant, une feuille qui glisse dans l'air, un rayon de soleil qui fait la bise à un caillou, le vent qui fait danser les papiers de passage. Ainsi nous verrons l'invisible qui veille dans notre cœur. La flamme qui attend de grandir pour nous embrasser totalement.

Libérons notre écoute. Commençons par porter notre attention à tous ces petits bruits qui nous entourent constamment quand nous sommes à l'extérieur. C'est plus facile dans la nature, avec tous les murmures de nos amis les arbres et les sons des animaux qui œuvrent. Écoutons tous les bruits en même temps, tous les instruments de l'orchestre, pour nous imprégner de la mélodie. Mais la rue fourmille aussi de bruits intrigants qui, pris dans leurs globalités et multiplicités, composent une ode urbaine. Puis, quand l'écoute s'harmonise au monde, le silence peut apparaître musical et bienveillant. Si l'écoute intérieure du corps libère en nous la puissance de l'agir, l'écoute de la nature nous donne envie de grandir vers le Ciel. Et l'écoute du silence nous ouvre à la douceur de l'acceptation, et au lumineux de l'apaisement.

Voilà une proposition, pour remettre en ordre nos énergics en vrac. Et étirer notre être dans le rayonnement de la conscience. Je vous invite à un exercice pour aborder de façon lumineuse notre rapport au monde : portons l'énergie de la terre quelques minutes chaque jour, dans la pleine conscience. Pour commencer, posons-nous d'abord quelques instants et essayons de revenir à nous-même. A notre sensation physique d'être ici et maintenant. Laissons décanter le brouhaha intérieur, pour que le calme éclaire un peu notre monde intérieur. Que nos pensées

s'apaisent suffisamment pour nous laisser
aborder l'exercice qui vient, avec le désir de
goûter l'instant présent. Puis levons nous et
portons notre attention sur nos deux pieds.
Debout, nous ressentons le poids de notre
corps qui appuie sur nos plantes de pieds. C'est
agréable de sentir notre corps détendu se
reposer sur nos deux plantes de pieds.
Attachons nous, maintenant, à clairement
éprouver chaque plante de pied, en même
temps. Comme si chaque plante de pied était
côte à côte dans le champ de notre conscience,
côte à côte mais distincte. Laisser la sensation
venir, par elle même. Simplement, poser son
attention sur les plantes de pieds et laisser la
sensation se développer à son rythme dans
notre corps et dans notre conscience. La
sensation peut être fluette ou profonde, peu
importe. La vie est mouvement, les sensations
sont changeantes et c'est normal. Ici, c'est la
continuité dans notre attention à nos plantes de
pieds qui va œuvrer. Laissons le reste
s'agencer par lui-même. Quand nous
ressentons nos deux plantes de pieds plus que
toute autre sensation, alors avançons un pas
après l'autre, très doucement. Marchons très

lentement, sur le fil ininterrompu de l'attention qui nous mène vers le trésor à l'intérieur de nous. Gardons les yeux détendus, ouverts vers l'avant. Après quelques pas, faisons l'effort d'imaginer que c'est nous qui portons réellement la terre. Que notre pied porte le sol : comme notre main ouverte peut porter, en son creux, une assiette. Sentir comme avec l'assiette, mais à l'envers, la plante de pied porter la terre. Appuyer avec votre plante de pied sur le sol, comme votre main appuie sur l'assiette qu'elle tient. Avancer avec tout son corps et sentir à chaque instant les deux plantes de pieds soutenir la terre puis s'en détacher, alternativement. Faisons quelques dizaines de pas ainsi, centrés dans l'instant présent, amarrés, par la sensation des pieds, à notre être. Notre conscience se dilate à mesure que nos pieds s'enracinent et que nos yeux s'ouvrent, activement passifs, à notre environnement (détendus et le regard portant toujours fixement vers l'avant). La brume des pensées disparaît et le soleil émerge dans notre cœur, nous signifiant l'éclat de notre Présence à nous même.

Pratiqué régulièrement, cet exercice nous

sèvrera progressivement des toxines de l'être qui se sont immiscées en nous. Nous sentirons les nœuds s'écouler hors de nous. Et la Terre nous sourira, faisant, par là même, picoter la plante de nos pieds.

Si nous avons espoir que le plomb puisse être transformé en or. Si nous ressentons la vibration d'un étrange appel au-delà de nous-même. Si l'humilité nous inspire. Et si nous appelons la constance du Sentiment de tout notre cœur. Alors le Chemin n'est pas qu'un rêve... Il est infini possibles.

CONCLUSION

Reconnaître le Ciel comme étant notre terre passe par fouiller la Terre à en perdre son ciel.

La Réalité est au-delà de votre pensée et en deçà de vos désirs.

La vie s'écoule hors de notre emprise. Sans prise, la Vie s'enroule en nous. Tout sens coule, sans le Tout, rien n'est à nous.

La porte des possibles se cache derrière celle de l'acceptation des impossibles. La Conscience de l'Infini se Porte sur deux pieds.

Pour contacter l'auteur, ou connaître les stages proposés :

morellestephane@yahoo.fr